时机

用更少的
投资赚
更多的钱

机

THE BEST OPPORTUNITY

Matthew Partridge

[英]裴马修◎著

莫浩◎译

湖南人民出版社

本作品中文简体版权由湖南人民出版社所有。
未经许可,不得翻印。

图书在版编目(CIP)数据

时机 / (英)裴马修(Matthew Partridge)著;莫浩译. —长沙:湖南人民出版社,2020.5(2021.10)

ISBN 978-7-5561-2452-7

Ⅰ. ①时… Ⅱ. ①裴… ②莫… Ⅲ. ①投资—基本知识 Ⅳ. ①F830.59

中国版本图书馆CIP数据核字(2020)第001946号

SUPERINVESTORS: LESSONS FROM THE GREATEST INVESTORS IN HISTORY – FROM JESSE LIVERMORE TO WARREN BUFFETT AND BEYOND by MATTHEW PARTRIDGE
Copyright: MATTHEW PARTRIDGE
This edition arranged with Harriman House (Hh)
through BIG APPLE AGENCY, LABUAN, MALAYSIA
Simplified Chinese edition copyright:
2020 HUNAN PEOPLE PUBLISHING HOUSE
Originally published in the UK by Harriman House Ltd in 2017, www.harriman-house.com All rights reserved

SHIJI
时机

著　　者	[英]裴马修
译　　者	莫　浩
选题策划	阅享文化
出　　品	应天顺时
产品经理	李晨昊
责任编辑	田　野
责任校对	夏丽芬
装帧设计	水玉银文化

出版发行	湖南人民出版社 [http://www.hnppp.com]
地　　址	长沙市营盘东路3号
邮　　编	410005
经　　销	全国新华书店

印　　刷	运河(唐山)印务有限公司
版　　次	2020年5月第1版　2021年10月第2次印刷
开　　本	710 mm × 1000 mm　1/16
印　　张	17
字　　数	126千字
书　　号	ISBN 978-7-5561-2452-7
定　　价	58.00元

营销电话:0731-82683348　　(如发现印装质量问题请与出版社调换)

译者序

大多数投资类书籍都是微观地关注一位投资大师及其投资方式，而本书作者裴马修则从更宏观的角度出发，探讨了20位投资成功人士及其投资生涯。《时机》涵盖了短线交易、价值投资、成长投资、风险投资等投资类别，介绍了这些类别之下的知名投资家以及他们成功和失败的投资故事。作者用20堂课的内容介绍这20位投资家，在最后的结论部分总结了他们给普通投资者带来的经验教训。本书的其中一个独到之处在于，作者制定了四项指标，以此对这20位佼佼者进行评分，不仅关注他们在股市方面的表现，而且探讨了普通投资者进行效仿的难易程度。在结论部分，作者评选出了他心中最出色的投资大师。

每个章节开篇先点明这些著名投资人士在投资界的地位，并简要概括他们的教育背景以及涉足投资领域的过程，接着详细叙述其投资策略，用他们成功和失败的案例来分析策略的实施和效果。这些投资家所处的历史时期跨度很大，包括18世纪末的大卫·李嘉图、20世纪初的杰西·利弗莫尔和如今仍活跃于投资领域的沃伦·巴菲特和尼尔·伍德福德。

本书探讨的焦点之一是"市场能否战胜"这个问题。在本书作者设置的四项指标中，表现指标就是以标准普尔500指数或富时100指数为基准，评估在考虑到收费后，这些投资家在股市的表现。例如价值投资家本杰明·格雷厄姆和安东尼·波顿、风险投资家乔治·多里奥特、成长投资家托马斯·罗·普莱斯、"量化"之父爱德华·索普等人都成功战胜了市场。他们的经历告诉我们，在一段较长的时间内是有可能持续战胜市场的。

本书的另一焦点是普通投资者实施这些投资策略的难易程度。像李嘉图那样依靠短线交易来发家致富非常困难，做空和使用高杠杆都是风险极高的策略，波顿的价值战略和伍德福德的集中化价值战略较容易效仿，着眼价值被低估的股票也是明智之举。投资者应随时保持客观和理性的心态，避免跟风投资。最省心的投资方法之一就是找到收益稳定持续的优质成长型公司、购买其一小部分股票、坚定持有较长时间。对于时间有限的普通投资者来说，这也是最简便易行的方法。如果你无暇对投资进行任何调研，那按指数基金投资可能是最佳方案。

如今越来越多的专家倾向于选择被动投资，许多普通投资者也把资金从主动管理转换到被动基金上。许多专家预测，主动投资可能会沦落为小众投资领域。

由于各种新型投资方式兴起，投资环境不再只向专业人士倾斜，投资的门槛降低，甚至风险投资这样的领域也比以往更容易进入。投资者可以自己搞投资，前提是要能制定有效可行的策略。本书所介绍的各种投资方式，能够为普通投资者制定策略这方面提供参考和借鉴。

限于译者水平，译文的缺点和错误在所难免，希望读者批评指正。

莫浩

2018年5月于广东外语外贸大学南国商学院

前言

投资的时机

高薪掷币家的世界?

全球金融危机爆发以来,专业理财经理就成了前所未有的焦点。人们主要不满他们收费太多,结果却让人大失所望。最悲观的研究表明,只有少数积极管理者经过较长时间后成功完成了各自的指标。虽然其他研究描绘的图景更加美好,但总体上所传达的信息似乎是说长远来看市场很难战胜,并且大多数投资专业人士只不过是高薪掷币家。

事实上，前景似乎惨淡到了越来越多的专家认为选择被动投资，也就是把资金投入旨在追踪股市的低成本基金里头，是件再简单不过的事情。这个信息似乎传到了公众当中，因而他们已经把资金从主动管理转移到被动基金上。随着许多大型机构和养老基金纷纷效仿，加上监管机构对剩下的管理基金施压加大，越来越多的人猜测除去少数几个利基领域以外，主动投资可能将要销声匿迹。

被动投资没有任何问题。事实上，要是你无暇挑选股票，对了解股市兴味索然，那被动投资可能是最佳之选。世界上首个指数基金发起人约翰·伯格理当被视作史上最佳的投资者之一，在本书中也获得一"章"之地。虽然大多数专业人士没能战胜各自的基准，但他们收费之后，大部分专业人士还是为投资者实现了增值。而且，一小部分人经过较长时间大幅度战胜了市场。这一点证明，要想收益高于平均水平，被动投资也是有可能实现的。

与此同时，普通投资者的进入壁垒已经轰然倒塌。过去投资机会有限，交易成本高，竞争环境严重向专业人士倾斜。由于网上经纪相互组合，规则改变以及点差交易兴起，普通个人与专业人士可以平起平坐。股权众筹和P2P（网络借贷平台）产品的兴起意味着甚至风险投资这样的领域也比以往更容易进入，而在投资领域，互联网的兴起把世界变小了。

这意味着投资者不必置身事外，不必在能力一般的基金经理和指数基金二者之间选一，而是可以自行解决问题、自己搞投资。当然，要做到这一点并不容易，所以投资者需要想出可行的策略。这样的策略必须满足两个标准：必须让投资者有成功的胜算；在对投资者所要求的时间、精力和性格方面，必须切合实际。要想制定策略，又缩小和经验更加丰富的专业投资者之间的差距，最好的方法就是向少数极其成功的人士学习。

最出色的投资大师

2016年，我开始为《理财周刊》杂志（我工作的杂志社）撰稿每周专栏，简要介绍一些投资大牛，分析他们的策略、表现、最佳投资方案以及普通投资者能够获得的启示。写完头几次专栏之后，我发现许多人的职业趣味十足又丰富多彩，非常值得深挖。

我也发现，这方面的书籍虽然管用，却往往只讲一种投资方式，焦点通常放在当代投资者身上，忽略了那些早年发家赚钱的人。

因此，我决定挑选20位值得进一步关注的投资成功人士，深入探讨他们的投资生涯。入选的原因包括他们的表现、长期性、影响力和散户投资者能够效仿的程度。入选者包括英美投资人士。同时历史时期跨度大，从18世纪末的大卫·李嘉图和20世纪初的杰西·利弗莫尔一直到今天仍在理财的投资家。

我还挑选了短线操盘手（李嘉图、利弗莫尔、索罗斯和斯坦哈特）、价值投资家（格雷厄姆、巴菲特、波顿和伍德福德）以及成长投资家（费雪、罗·普莱斯，林奇和特雷恩），另外还有一些风险投资家（多里奥特、克莱纳和帕金斯）。尽管大多数散户投资者无法直接将资金投入私企——虽然这种情况正随着众筹融资而改变——这些风险投资家的职业生涯也为技术投资提供了一些有用的见解。

最后六章关注的是在那些没有进入前四类的投资家，但他们在投资领域仍然有一席之地。在说服美国公众应该把眼光放在美国股市之外这方面，约翰·邓普顿起到了关键作用。罗伯特·威尔逊利用复利的力量和一些精明的投资创造了近10亿美元的财富，演示了如何持续通过卖空降低风险、提高回报。"量化"之父爱德华·索普利用计算机的力量和统计数据发现（并最终利用）投资机会。

约翰·梅纳德·凯恩斯则在各种战略之间切换。在尝试利用宏观经济学知识在货币市场赚钱（失败）之后，他最终实现了成功，成了价值型投资家。如前所述，约翰·伯格率先进行了指数投资，不顾他人大肆嘲讽，将指数投资转化为一项重要的投资策略。人们对保罗·萨缪尔森的主要印象是他是一位发展有效市场理论的经济学家，他认为市场无法战胜。不过，他在一个主要的对冲基金中发挥了关键作用，也是一名成功的私人投资家。

给投资大师评分

本书的主要目的是通过介绍一些投资佼佼者来教育（和娱乐）读者，与此同时，本书也会试图给他们打分，看看哪些人是最关键的。按照入选标准，将按照四个指标进行评分：总体表现、长期性、对其他投资者的影响以及普通投资者效仿的难易程度。为了能够对不同风格、不同时期的投资家进行直接比较，我给他们每一个加上酒店式星级。星级从一星到五星，一星表示投资家在该指标领域的影响微乎其微，五星表示投资家贡献卓越。

表现指标的重点是看考虑到收费后，投资者在股市方面表现如何（通常是标准普尔500指数或富时100指数）。在无法获得收益数据的情况下，例如李嘉图的例子，投资者的成功取决于他们赚了多少钱。连贯性很重要，所以那些管理基金却以失败告终的或者数次破产的投资者即使最后赚了钱，排名也会比较低。鉴于投资家最基本的目标就是赚钱，几乎所有投资家在表现方面都获得四星或者五星评分（唯独伯格只拿了三颗星）。

长期性和表现紧密相连，因为在长期的职业生涯中取得持续的表现要比在几年内做到这点更难。那些职业持续了几十年的人得到了五星满分，而那些职业生涯持续十多年的人则逊色一筹。在这种情况下，主要关注他们直接理财或投资时间有多长，而不是关注他们在较为一般的金融领域做了多长时间。和表现这项指标一样，大部分投资者在这个类别拿到了高分，但少数得分较低。

给投资家评分时，还有一个经常被人忽略的标准，就是非专业人士可以实施策略的难易程度。沃伦·巴菲特就是一个显而易见的例子。在他长达六十年的职业生涯当中，他赚得盆满钵盈。然而，伯克希尔·哈撒韦公司的大部分投资都放在私人上市公司，普通大众不能直接持有。同样，短线交易需要大量的空闲时间和情感投资——在20世纪90年代末的互联网泡沫时期，许多辞职炒股的人经过一番艰难困苦才了解这点。

除了赚钱外，投资家为投资做贡献的方式还包括影响他人的投资方式。在某些情况下，可能包括开发新型投资方式。例如菲利普·费雪集中精力寻找能够经过较长时间快速增加收益的公司。或者投资家可以通过将金融产品推陈出新来留下深远的影响，例如约翰·伯格和他发明的指数基金。然而，值得注意的是，名字被人认出或名气本身并不定能保证投资家在这一领域获得高分评分。例如，乔治·索罗斯是英国著名的慈善家，在英国脱离欧洲汇率机制方面发挥了很大的作用，这反过来极大地影响了英国的政治。然而，他提出的"反身性"（reflexivity）等金融理论却几乎没留下任何影响。

目录

译者序 / 1

第一堂课　永远不要感情用事 / 001
杰西·利弗莫尔——农场小子解读交易所报价板做空股市，变身华尔街传奇

第二堂课　投资不是投机 / 014
大卫·李嘉图——经济学家逆势买入国债，大发横财

第三堂课　优势领域 / 025
乔治·索罗斯——失意教授转行投资，第一桶金获利20亿美元

第四堂课　不要跟风 / 037
迈克尔·斯坦哈特——最好的投资者，也难以阻挡"随波逐流"

第五堂课　烟头理论 / 048
本杰明·格雷厄姆——永恒的真理：低成本才能获得高收益

第六堂课　寻找廉价时机 / 059
沃伦·巴菲特——投资给项目，不要投资给人

第七堂课　逆势投资 / 074
安东尼·波顿——冷门中暗藏契机，逆境中也有趋势

第八堂课　耐心资本 / 085
尼尔·伍德福德——从梦想成为飞行员到金融家：永远着眼长远的价值

第九堂课　成长型投资 / 097
菲利普·费雪——谁都不可能预测未来：寻找快速成长的项目

第十堂课　先有收益后谈价值 / 107
托马斯·罗·普莱斯——永远务实：投资知名公司，坚定持有

第十一堂课　最简单的投资最有效　　　　　　　　　　　　　　／ 118
彼得·林奇——投资者不能只看热门行业，而应该注重公司的质量

第十二堂课　不要只顾眼前的收益　　　　　　　　　　　　　　／ 129
尼克·特雷恩——投资者应该要对自己投资的公司有充分的了解，并且要着眼长远

第十三堂课　风险投资　　　　　　　　　　　　　　　　　　　／ 141
乔治·多里奥特——只投资最好的，并且保持耐心

第十四堂课　了解时代趋势　　　　　　　　　　　　　　　　　／ 151
尤金·克莱纳与托马斯·帕金斯——硅谷合伙人：硅谷之父的创投之路

第十五堂课　全球投资　　　　　　　　　　　　　　　　　　　／ 163
约翰·邓普顿——不要有偏见：在互联网时代找到国际投资机遇

第十六堂课　高风险策略　　　　　　　　　　　　　　　／ 173
罗伯特·威尔逊——做空大师：世界第八大奇迹

第十七堂课　量化投资　　　　　　　　　　　　　　　／ 185
爱德华·索普——痴迷赌博的数学家利用数学天赋变身股市操盘手

第十八堂课　随机应变　　　　　　　　　　　　　　　／ 197
约翰·梅纳德·凯恩斯——投资者需要知道如何正确理财，不要死守失败的策略

第十九堂课　指数投资　　　　　　　　　　　　　　　／ 209
约翰·伯格——无为而治，变主动为被动，用最少的投入赢取最大的收益

第二十堂课　市场是可以战胜的　　　　　　　　　　　／ 220
保罗·萨缪尔森——美国诺贝尔经济学奖第一人：战胜市场需要拥有连贯的投资策略

结论：《时机》的启示　　　　　　　　　　　　　　／ 232

谁是最出色的投资大师？　　　　　　　　　　　　　／ 252

第一堂课　永远不要感情用事

杰西·利弗莫尔

农场小子解读交易所报价板做空股市，变身华尔街传奇

要是让经验丰富的操盘手推荐一本书，他们可能会提到爱德温·李费佛写的《股票作手回忆录》，一本有关投机牛人杰西·利弗莫尔的小说式回忆录。该书1923年首次出版，但近一个世纪之后，众人仍认为这本书值得一读——这点应该让你对利弗莫尔在股民当中所受到的尊敬略知一二。"少年赌客"的数次大起大落和东山再起不仅给人启发，故事本身也耐人寻味。

利弗莫尔职业生涯的另一个惊人之处在于他如何利用资金构筑他的职业。尽管所有成功的操盘手和投资人士都喜欢标榜自己是白手起家，但对于大多数人而言，这种观点只在一定程度上是

正确的。他们可能自己想到了点子，但通常他们是为投资信托公司、对冲基金或银行做交易和投资，然后收取部分利润或管理费用。但是，利弗莫尔投资用的不是别人的而是自己的钱。他所经历的几次起起落落直接影响到他的生活水平。

凭借空中交易所，农场小子跻身华尔街

利弗莫尔1877年出生于美国东北部马萨诸塞州什鲁斯伯里附近的一个农场。尽管他上学时，特别是在数学方面显现出极高天赋，但是在他14岁时，他父亲强迫他辍学，希望他能出力经营家庭农场。利弗莫尔违抗了父亲的意愿，在母亲的支持下，口袋里揣着5美元（相当于现在的大约134美元）离家出走，来到了附近的波士顿。他很快在普惠经纪公司（Paine Webber）找到了一份工作，负责更新报价板，方便经纪人和客户查看个股的价格。

虽然这份琐碎活每周只能给他6美元，但是观察股票价格如何涨跌和横盘整理，让他掌握了预测股价何时涨跌的诀窍。他在

空中交易所做了一年的股票买卖。空中交易所就是可以低价赊购股票的赌场，不是正规的经纪公司，没有实际的股票买卖——相反，你赚到的是股票买入价格和报价器报价的差价。

这种原始的点差交易形式依赖大多数投注者的相互抵销，从而让空中交易所得以将佣金收入囊中。在股票交易稀少的情况下，赌场希望投注者最终会输个精光。因为使用了杠杆，即便是10%的杠杆率也会把投注者的赌注彻底清光。然而，利弗莫尔却能不断战胜市场，利用杠杆赚取巨额利润。最后空中交易所厌恶他一直赢钱，所有波士顿的空中交易所都禁止利弗莫尔入内，但在此之前，他已经累计赚取了1万美元。

这让他能开始通过合适的经纪人进行操盘。然而，他发现一切都很困难，因为经纪人必须通过交易所的交易员做交易，给他做交易需要时间，并不总能拿到最好的价格，导致出现了亏损。因此，他短暂地回到了空中交易所（由他当时的经纪人E.F.赫顿借款支持），以便在前期亏损之后重建赌本。从1897年到1934年他第二次（也是最后一次）破产的这段时间里，利弗莫尔同时操纵着商品市场和股市。

像售票员一样解读报价带

他的主要策略是"解读报价带",说得通俗点叫跟随趋势。这包括监控股票的价格走势(字面意思是说解读印有股价的报价带),查看是否存在突然的变动。如果这种变动一直持续下去,他就会跟下去。一开始,他押注相对少一些,然而,如果这种趋势继续下去,他会逐渐增加头寸(即款项),直到头寸更大。当他确信趋势消失了,他唯一做的就是平仓。

这个策略意味着他没有试图以最低价买空股票,或者在最高价上做空。相反,他觉得交易者要乐意等待,直到股价上涨之后他们再进场,他对那些创新高的股票尤其感兴趣。正如他所说的那样:"你是想盲目赌钱,以期获得巨大利润,还是希望聪明地投机,获得较小但更可能得到的利润?"

其他操盘手认为供需平衡等所有基本因素应该忽略,但利弗莫尔跟他们不同,他经常利用这些因素来指导他的整体观点,尤其是在交易商品时。不过,他认为,如果你单纯依靠基本因素来判断股票或商品的价格是否合理,那么你就会冒为时过早的风险，因而在等待股市上涨的时候你就赔钱了。他还认为市场相当擅长预测未来收益和分红，所以这些因素的价格已经定好了。

如果说利弗莫尔对基本分析的价值持不同看法，那就是他会苛刻地看待外部建议的价值。虽然内幕交易自1909年起在美国变成了非法行为，但内部人士就公司当下境况给出暗示的现象很普遍。投机者集中起来垄断商品市场的现象也是相当普遍的。在他看来，大多数提供建议的人员并没有真正了解（或理解）当下境况，甚至在少数情况下，他们真的了解，但为了推进自己的目的，他们很可能提供错误的建议。

例如，利弗莫尔举了一个例子。一名公司董事吹嘘自己的公司做得有多好。股票起初飙升，然后迅速回落。利弗莫尔后来发现，董事本人知道公司做得很差，并且正悄悄地出售自己的股份。利弗莫尔坦言，他并不总是遵循自己那套对内部消息和外部建议视而不见的准则，特别是在他早期的职业生涯中，他偶尔会拜倒在诱惑之下。不过，他在《股票作手回忆录》中声称，在他的职业生涯早期，他的朋友说服他在股票飙升之前放弃一家公司的多头，这一职业逆转最终说服他不再理会外部建议。他建议投资者在笔记本上写下"谨防内部消息……全部内部消息"。

从身无分文到家财万贯再到倾家荡产

利弗莫尔的财富在他的职业生涯中波动很大。到1901年，他已经还清了赫顿的贷款，商业资本增加到了5万美元（约合现在的140万美元）。接着一场灾难来临：那一年的变故耗尽了他的积蓄，（在他的妻子拒绝拿她的珠宝首饰抵押之后）摧毁了他的第一次婚姻，迫使他回到空中交易所。

几年之后，他从1907年股市恐慌中大赚了一笔，之后现金增加到了300万美元（约合现在的7800万美元）。然而，一系列不良交易，特别是棉花交易，先是导致他的资本减少了90%，最终迫使他在1912年宣布破产。

当然，利弗莫尔没有被压垮。到1917年，他已经富有到不仅还清所有债权人的贷款，还设立一个50万美元（约合现在的923万美元）的信托基金。到了20世纪20年代，他富裕到拥有多个豪宅和一辆300英尺的游艇。华尔街股灾过后，他的财富预估达到了1亿美元(约合现在的14亿美元)。但是,到了1934年,他再次破产。这一次他彻底被压垮了。由于这一变故以及种种个人问题,比如他长子残疾奄奄一息等不幸导致他在1940年自杀身亡。然而,他仍然能够偿还债权人贷款,并且留下了500万美元的现金遗产、珠宝和其他资产。

战胜市场

在1929年10月华尔街发生股灾之前,他决定做空股市——这次操盘在巩固利弗莫尔声誉的同时,也让他遭受一定程度的骂名。虽然其他一些投资者也很聪明(或幸运)做了同样的事情,但他们是出于直觉,例如众所周知的老约瑟夫·肯尼迪(Joseph Kennedy)在他的擦鞋男童提供股票内部消息之后卖掉了所有的股票。但利弗莫尔与之相反,他是受到几个因素促使而做出决定的,而且作决定的时机非常完美。

首先,随着20世纪20年代末期股市蒸蒸日上、到达巅峰,他观察到在过去的12个月里,即使是相对普通的股票也以较高的市盈率进行交易，表明投资者对未来过分乐观。利弗莫尔注意到，很多普通百姓用借来的钱来玩股票，只用部分（有时低到仅有10%）的首付买入股票。虽然他和其他专业人士经常利用杠杆，但他意识到，这会让普通投资者在发生崩盘时暴露无遗。这也意味着股市繁荣依靠的是投资者借贷源源不断增加的金额。这种现象难以持续，因此利弗莫尔认为这一切肯定而且很快就要结束。

与此同时，利弗莫尔注意到，在股市繁荣开始时涨幅最大的股票现在要么到达峰值，要么开始下跌。他相信这是一个牛市失去动力的迹象。由于技术迹象和基本迹象都指向股市逆转，他把注意力转向了如何利用这一时机。只要整体市场还在上涨，他知道如果他只是做空股票，他可能会暴露得很惨。所以他首先把注意力集中在出售他持有的所有股份——这是在1929年夏天之前。

利弗莫尔现在可以把所有注意力转向做空市场。他开始试探，通过做空少量的关键股，看看市场会做何反应。起初，这些试探都失败了，因为市场不断上涨，耗掉了他手上的25万美元——这可是一大笔钱，但只是他资产里头微不足道的一部分。然后，他又做空第二批空头。当这些空头开始奏效时，利弗莫尔意识到游戏要结束了。他开始大力做空股票，正好赶上 1929 年 10 月 24 日黑色星期四，当天股市暴跌 11%。

到 12 月，股市已经从 9 月的峰值减少了一半以上。利弗莫尔通过他的空头，赚了数百万美元，净资产预估超过 1 亿美元。他如此大获成功，以至于有人指责他是一场旨在推翻市场的大型阴谋里的重要幕后人物。无奈之下他发表声明，说明自己没有和他人共谋，市场崩盘是因为市场估价过高。尽管他矢口否认，但几个月后，他还是不得已聘请了一名私人侦探做保镖。

挥霍金钱

虽然利弗莫尔精于交易，但他并没那么擅长其他投资类型。事实上，他坦言自己涉足股市之外的投资——通常是在他朋友的要求之下——几乎是一塌糊涂。他在 1925 年投资米兹纳发展公司（Mizner Development Corporation）——一家想要在佛罗里达州创建度假胜地的财团，结果他被充满怨气的投资者起诉。他和其他几名董事跟发起人抱怨，说这暗示他们为项目融资，但事实上他们并没有融资。

正如利弗莫尔在《股票大作手操盘术》中所说的那样,"我在华尔街之外都未能赚到过一分钱。我从华尔街拿走了数百万美元,但是我却在'投资'其他风险项目时输掉了这数百万美元"。他接着还提到他投资了"佛罗里达繁荣时期的房地产、油井、飞机制造业以及改善和推广高新技术产品"。利弗莫尔曾坦言自己在其他项目上投资如此不善,以至于一个他为了追加投资而接洽的朋友直言不讳地告诉他:"利弗莫尔,除了你自己的生意外,你永远不会在任何其他生意上有所成功。"

保持理性

严格来说,利弗莫尔是一名通过短期价格走势而获利的操盘手,他不是一名长期投资家。这种方法虽然可能回报颇丰,但也充满变数。即使是像利弗莫尔这样的传奇人物也经历过财富的急剧波动,表明这种做法不适合那些缺乏勇气的股民,而且这种方法很耗精力,因为需要花费大量的时间监测市场价格和研究潜在的交易。因此，那些有工作和家庭责任的人士可能难以复制他的成功。

也许现代最相似的方法就是点差交易。在点差交易当中，你可以押注股票和商品的价格走势。一些普通投资者通过点差交易挣了大钱，但如果你不知道自己在做什么，这种方法也可能非常烧钱。要是你沿着这条路走下去，就必须把交易额限制在你输得起的范围之内。

利弗莫尔成功的关键之一是他紧缩的资金管理。与投资家不同，操盘手没法采取长远的眼光。利弗莫尔主张迅速关闭正在亏损的交易，并且直言他觉得长期投资者所承受的持续亏损是不可容忍的。大多数点差交易公司允许你设置止损点。如果某一头寸让你亏损了一定数额，止损点就会自动触发。相反，他主张让盈利的头寸奔跑，直到价格数据显示趋势即将结束。他主张把交易盈利拿出一部分存入一个单独的账户里（这让他在破产后保住了一大笔财产）。

最后，利弗莫尔的凄惨结局提醒人们需要保持一定的理性。尽管股市交易可以作为增财之道，但不应该贪恋其中。事实上，在开始交易或投资之前，你需要问问自己，要是你可能会赔个精光，你是否心甘情愿。如果不是，你应该选择压力较小的投资方式。

常言道，如果你的投资让你一直睡不着，那就抛售给你的睡眠时间。

杰西·利弗莫尔的投资生涯

表现 ★★★★

　　白手起家显然是一项成就。然而，利弗莫尔多次破产，其中一次破产还是他最终罹患抑郁症的缘由之一，这显然都减掉了他的表现分，即使他仍然能够把大量的财产留给妻儿。

长期性 ★★★★★

　　利弗莫尔的交易生涯始于1891年，以1934年最终破产告终，持续了40多年。

影响力 ★★★★★

　　《股票作手回忆录》，一本有关他个人自传的小说，被认为是有史以来最有影响力的交易类书籍之一。

模仿的难易程度 ★★

　　日间交易是一种压力极大又极其费时的赚钱之道，失败的可能性很大。尽管如此，利弗莫尔也能让长线头寸交易者受益匪浅。

总体评分：16 ★（满分20 ★）

第二堂课　投资不是投机

大卫·李嘉图

经济学家逆势买入国债，大发横财

如果你学过经济学，你就会知道大卫·李嘉图。他是最早的经济理论家之一，他提出来的许多观点时至今日还在被人研究。事实上，他的"比较优势"理论（理论认为，各国可以通过专攻自己最擅长生产的产品来实现生产最大化）仍然是现代贸易政策的奠基石。他还是英国19世纪早期颇具影响力的政治人物，主张废除《玉米法案》，主张改变政府借钱和管理国债的方式。

但是，大多数人不知道他也是一位备受尊敬的金融家和操盘手。事实上，李嘉图的名气如此之大，以至于《泰晤士报》的一篇讣告（在他去世后撰写的）猜测，后人铭记他时，主要是记住了他在股市赚钱的才能，而不是记住他是思想家。显然，事实恰好相反。1801年第一个会员制证券交易所成立，1812年第一本规则手册实施，当时金融市场尚处于起步阶段。但在这样一个时代，他就赚到了钱。对现代投资者来说，他的人生故事仍然能给人重要启示。

他是如何发迹的？

李嘉图于1772年出生于伦敦，14岁时不再接受教育，转而为身为成功证券经纪人的父亲工作。然而，7年后，他与贵格会教徒的女儿私奔，变成了一名神体一位派信徒。这让他与父母永远断绝了往来，并迫使他为谋生计做起了证券经纪人。证券经纪人同时担任市场庄家和场内交易员（直到1986年的金融大爆炸之前，场内交易员和经纪人在英国一直是存在区别的）的重任。虽然证券经纪人获准买卖各种股票和债券，但李嘉图主要做政府债务（也称"统一公债"）交易。

尽管李嘉图闻名于世主要是因为他的证券经纪工作，但他也深受尊敬,被视为贷款承包商,领导各种申办政府债务的财团。在他看来,这些由私人投资富豪组成的财团与现有银行争着把钱借给政府,从而使政府在因为拿破仑战争而财政紧张的情况下能够以低价借入足够资金。拿破仑战争在1803年爆发,导致国债急剧增加。

李嘉图的财团一开始尝试加入政府贷款行列时失败了。然而,第二年成功了,成为第一个打破私人银行垄断的财团,获准以1420万英镑认购(约合现在的10.1亿英镑)。总的来说,在1811年至1815年间,李嘉图的财团参与了价值1.58亿英镑的贷款(约合现在的105亿英镑),尽管贷款方还包括各大银行和其他财团(当然,李嘉图的财团下有许多单个财团)。1815年滑铁卢战役后不久,李嘉图从金融行业退休,但他继续管理自己的投资,向身边的工业家提供贷款。他在弥留之际还在猜测法西战争期间法国债券是否能保值。

利用歇斯底里

在职业生涯的大部分时间里，李嘉图采取了两大策略。他从事人们今天所说的"配对交易"，寻找那些虽然不完全相同但其表现一般相似的债券。每当两者价格分化，他就会买入相对便宜的债券，并卖空价格较贵的债券。他认为，如果他对两个债券的正确关系判断对了的话（事实通常如此），这两个工具的价格最终会开始趋于一致。这意味着在一个头寸上的盈利将大于另一个头寸上的所有亏损。

李嘉图还对该方法加以补充。他骨子里就是一位逆势投资家，认为市场往往对短期事件反应过度。他认为利用过度反应的最佳方法是采取旨在领先市场的顺势型方案。因此，他会密切留意推动股价上涨的报道，这样他买入时就能获取更多的价格收益。同样，如果他觉得负面消息会打击投资者，他就会卖出股票。李嘉图是首批主张把亏损头寸平仓同时让盈利的头寸奔跑以保持低风险的人士。

薄利相加，成就奢华生活

尽管李嘉图从来没有透露过他赚取的准确金额，但有证据表明，他的交易活动给他带来源源不断的利润。虽然金额相对较小（通常最多就几百英镑），但由于获利频繁而稳定，李嘉图得以积累大量的交易资本。1793年他离父亲而去时，手里只有800英镑，其余的资金都靠同情他的银行家借贷的。然而，到了1801年，他成功地在一年内交易了价值超过100万英镑的统一公债（相当于2015年的大约6900万英镑）。

因为这一成就，他得以用资金构筑起日益奢华的生活方式。他1793年结婚时住在肯宁顿（Kennington）的一所小房子里，接着他住到了半农村的伦敦郊区，一年租金18英镑（相当于现在的大约1904英镑）。到1812年，他在充满时尚气息的格罗夫纳广场（美国大使馆所在地）租下一所大宅邸，每年支付450英镑（相当于现在的大约2.7万英镑）。1814年，他以6万英镑（相当于现在的大约379万英镑）的价格买下格洛斯特郡的乡村庄园——盖特康比庄园（Gatcombe Park）。李嘉图和家人经常在庄园里举办各种精致的派对。

从金融行业退休之后，李嘉图用 2.5 万英镑（相当于现在的大约 170 万英镑）的贷款作为交换，买下了议会席位，在 1819 年初成为议员。到 1823 年他去世的时候，他的遗产估计超过 70 万英镑（相当于现在的大约 5720 万英镑）。然而，这个估算没有考虑到他的财产升值，实际的财产可能更多。

李嘉图的滑铁卢之战

最能确立李嘉图作为传奇投机专家地位的事情当属他在 1815 年 6 月的滑铁卢战役前后迅速做出的举动。尽管这个故事有好几个版本，但最为人知的出自经济学家保罗·萨缪尔森（Paul Samuelson）之笔。萨缪尔森（本书后面有专门介绍他）著书立作，详尽地介绍李嘉图的经济理论。萨缪尔森写了一篇期刊文章，声称李嘉图聘请了一名助手观察这场战争，并迅速将消息传回给他，因此他赶在所有人之前知晓了战争的结果。

虽然大多数人会抓住这种形势买入更多的债券，但萨缪尔森说，李嘉图据说选择了一个更为狡诈之策。他在交易所的常务席上，一次又一次地出售英国国债。其他交易者看到后，怀疑他知道真实情况，因此加入卖盘的行列中。

接着，突然之间，李嘉图逆势而为，一次又一次买入国债。这些交易的收益是"他有史以来最大的收获"，"使他能够从活跃的交易中退身而出，在余生成为被动的食利投资家"。

那些喜欢传奇金融故事的人会津津乐道这种极其虚张声势有多冷血（如今这种行为将被视作非法操纵市场）。然而，历史学家一直无法找到直接的证据证明他先于其他人知道了战争的结果，抑或是证明他散布了英国即将战败的谣言。他对自己赚到的财富也是轻描淡写。事实上，他在写给约翰·斯图亚特·穆勒（另一位著名的经济和政治思想家）的信中表示，虽然他现在富有了，但"我没'祈求过上天保佑我富贵荣华！！'"。

但毫无疑问，他在这段时期里的确大赚一笔。1815年3月，滑铁卢战役开始前三个月，拿破仑逃离厄尔巴岛并胜利归来，众人担心再次爆发一场拉力战，英国甚至会被外敌入侵。统一公债的价格因此下跌到了较低水平（可能是李嘉图在拍卖前迅速而明智地卖盘所致）。李嘉图不仅让其财团成功获得了 3600 万英镑的政府债券，还亲自投进了一大笔财产。同样认购的好友马尔萨斯（Malthus）坚持要立即兑现微利，而李嘉图则保留大部分股份。

事实上，在初次报告发布后的几天内，英国失败的反流言开始流传，价格暂时下跌，李嘉图似乎利用了这点进一步积聚财富。结果，在战争结束的两周后，李嘉图说他已经将全副身家都投进了金边证券，并且"已经获得了相当可观的贷款收益"。几个月之后，李嘉图证实自己如今"盆满钵满，足以满足我所有的欲望和所有与我有关的合理欲望"。总的来说，星期日《泰晤士报》上刊登的李嘉图讣告称，他在这段时期通过投机政府债券赚了 100 万英镑（相当于现在的大约 6620 万英镑）。

投资和投机的区别

李嘉图的行为表面上看似乎相互矛盾，除了他的配对交易外，他一生中大部分时间都在和股民大众打赌。然而，他最著名的（获利最大的）投资是去做跟其他人完全相反的事情（也就是其他人担心法国入侵时他却在向政府借钱和买入债券）。但这并不像表面上看的那么不合逻辑。事实上，这说明了投资的时间框架是如何决定你的策略的，换句话说，短线交易与长期投资是不一样的。

事实上，李嘉图似乎预料到会有大量的学术文献表明短期股票会呈现积极的势头。换句话说，价格上涨的股票更有可能继续上涨，而表现不佳的股票则会继续表现不佳。例如，纳西汉·杰加迪什（Narasimhan Jegadeesh）和谢里丹·蒂特曼（Sheridan Titman）1993年的一项研究发现，如果你在短暂的持有期内买进了表现最好的股票，然后持有相同的时间，那么你会跑赢大盘。这不仅仅对股市奏效，卡斯商学院的卢卡斯·门克霍夫（Lukas Menkhoff）发现，跟随表现最好的货币产生超额收益。

然而，从长远来看，这种势头效益会逐渐减弱，最终逆转。事实上，维纳·德·邦特（Werner De Bondt）和理查德·塞勒（Richard Thaler）1985年的一项研究发现，表现最差的股票组合经过较长的时间，比如说几年时间，往往优于那些表现最好的股票。事实上，历史上一些最惨淡的熊市在之后都会迎来同样强劲的股市回升。例如，从 2007 年 9 月起的 18 个月里，股票市场跌了一半，之后的两年里又几乎翻了一番。因此，效仿李嘉图是十分合情合理的。短线交易就要追随大众，长线持仓就要逆势而行。

正如与大卫·李嘉图同时代的罗斯柴尔德男爵所说的那样，"街头溅血就是买入的时机"。

大卫·李嘉图的投资生涯

表现 ★★★★

大卫·李嘉图和父亲断绝关系后,成功地利用自己的交易才能,最终创造了在当时标准之下的巨额财富。但是,如果对通货膨胀进行调整,以现代对冲基金巨头的标准,他最终的净资产额比较少。

长期性 ★★★★

李嘉图的职业生涯始于1793年,1815年滑铁卢战役后不久退休。在这22年左右的时间里,他一直扮演着重要的角色。

影响力 ★★

虽然他的经济著作时至今日仍在研究,但他对投资的影响要小得多。

模仿的难易程度 ★★

普通投资者要模仿利弗莫尔很难,要模仿李嘉图靠短线交易来发家致富也一样很难。

总体评分:12★(满分20★)

第三堂课　优势领域

乔治·索罗斯

失意教授转行投资，第一桶金获利 20 亿美元

乔治·索罗斯和沃伦·巴菲特是仅有的两位会让街边路人认出来说上大名并且还活在世上的投资家。虽然沃伦·巴菲特已经获得"国宝"级地位，但乔治·索罗斯却让人既敬爱又畏惧。他的经济学评论经常登上头条新闻。他的慈善事业，特别是对亲民主组织的慈善事业，也让他赢得了全世界的尊重。事实上，他在铁幕倒塌后帮助东欧发展公民社会，这些努力如此有影响力，以至于被称作"第二个马歇尔计划"。

然而，随着关注度提高，他却很容易在出现问题时成为替罪羊。其中最出名的事件就是 1997 年，当时的马来西亚总理马哈

蒂尔·宾·穆罕默德指责他引发了亚洲金融危机。当然，这场危机显然是由于糟糕的经济政策，而非一些阴谋集团的行动所致，而穆罕默德后来迫不得已承认这些阴谋论纯属无稽之谈。然而，有些人认为索罗斯能够决定国家命运，这证明了索罗斯金融敏锐力强、金融地位高、成功经验多。

移民跃身成为亿万富翁

索罗斯1930年出生于匈牙利的布达佩斯。纳粹占领匈牙利时，他幸存了下来，最终到伦敦政治经济学院学习哲学，先后攻读哲学学士和硕士学位。为维持生计，他做过铁路搬运工和服务员等各种琐碎活，领取过慈善机构的小额赠款。虽然他最初的梦想是成为一名学者，但他意识到自己不够优秀，所以他转变思想，立志成为投资银行家。经过几次磕磕碰碰后，他在1954年被聘为辛格弗里德兰德商人银行（Singer & Friedlander）的实习生。

虽然他很快被提拔为套利交易员，但他认为进一步发展的前景有限，因为该公司不愿意给初级职员太多职权。因此他搬到了美国，凭借他对欧洲市场的了解，在纽约 F.M. 梅耶公司找了份类似的工作，后来又跳槽到威特海姆公司。1961 年至 1963 年间，索罗斯修改硕士论文，为成为经济学家做最后一搏。然而，伦敦政治经济学院教授卡尔·波普尔对他论文的反应不温不火，之后他便放弃了学术梦，全身心专注于赚钱。

1963 年，索罗斯加入爱霍德·布雷彻尔德公司，之后取得了重大突破。起初他担任分析师，四年后成为研究主任。1966 年，该公司同意以 10 万美元（相当于 2015 年的 72.9 万美元）建立模型基金。因此，该公司让索罗斯建立两个真正的基金：第一鹰基金（1967 年）和双鹰基金（1969 年）。然而，由于法律发生了改变，仍在布雷彻尔德任职的索罗斯很难获得利润分成。他渴望独立，这就意味着他决定独自出击。

到 1973 年，索罗斯退出第一鹰基金，正式与母公司切断联系，同时让投资者二选一：要么跟索罗斯基金走（现在称为量子基金），要么继续跟着布雷彻尔德走。索罗斯保有量子基金的唯一控制权，一直到 1988 年。从 20 世纪 80 年代后期开始，基金规模十分庞大，加上索罗斯对慈善事业感兴趣，因此他要把越来越多的日常管理工作下放给精英基金管理小团队,其中最著名的成员是斯坦利·德鲁肯米勒(德鲁肯米勒在1988年至2000年间与量子基金合作)。

然而,这并不意味着索罗斯放弃了资金管理,他不仅保留了整体控制权,而且经常会自己参与大头寸交易。2011年,他关闭了给外部投资者的基金,并返还其投资金额。因此,量子基金现在只运行索罗斯自己的资金。

利用反身性

索罗斯是"全球宏观"投资家。也就是说,他不局限在股票一个资产类别中,而是把精力分散在各种货币、债券和商品上。特别是他根据宏观经济预测,对货币走势和政府债券进行了很多高杠杆投资。他经常把借来的钱用到货币和债券投注上,希望增加收益。虽然他的投资大多是可以快速买卖的流动资产,但他也在私人上市公司投资股份,而且还投资房地产。

索罗斯采用的通常是价值投资者的做法:低价买入资产,以期资产升值。不过他发展了自己的金融市场理论,叫"反身性"理论。该理论在他1987年出版的《金融炼金术》中有所概述。理论基本可以归结为两个观点:第一,市场的驱动因素与其说是理性,不如说是参与者的行为,这导致了资产被错误定价。第二,传统价值投资关注的理念是市场价格最终会回到基本面,但不同的是,这种行为最终会改变基本面。因此,他认为,在某些情况下,泡沫最终会持续下去。

索罗斯参与了多个基金,其中有几个已合并和分拆,因此很难准确衡量他的表现。有人会认为,量子基金取得的出色表现,部分功劳理应算是接受索罗斯责任委托的德鲁肯米勒和其他经理的。然而,毫无疑问,索罗斯本人成就非凡。据《纽约时报》估计,1969年至2011年期间,量子基金的平均回报率约为20%,同期股市的平均回报率不到10%。尽管大量的资金用于慈善事业,但据彭博社估计,索罗斯的净资产仍达到244亿美元左右(截至2017年)。

击垮英格兰银行

乔治·索罗斯最著名的操盘是1992年成功做空英镑,他因此得了个外号,叫"击垮英格兰银行的男人"。1979年,八个欧洲国家同意建立欧洲汇率机制(ERM),旨在把彼此的货币捆绑在一起,大力限制货币的相互波动。这些国家希望通过降低汇率波动来助推贸易。欧洲汇率机制通过阻止欧洲各国以贬值来摆脱经济危机,也迫使这些国家在财政上自律并通过促增长改革。

1990年,经过多次内部辩论后,英国终于加入了欧洲汇率机制。但问题是英国是以非常高的汇率加入的。这样一来,英国的出口竞争力会下降,进而打击经济增长。与此同时,欧洲汇率机制的实际领导者德国央行担心再出现统一的通胀影响,决定提高利率。这意味着英国政府有两个选择:以阻碍经济发展为代价留在欧洲汇率机制中,或贬值英镑来刺激经济,但这一政策与欧洲汇率机制成员互不相容。

索罗斯认为,英国的房地产市场和经济都无法承受英镑进一步升值,因此他推断英国将不得不离开欧洲汇率机制。此外,他认为一旦英国对欧洲汇率机制的承诺让金融市场失去信心，金融市场就会开始抛售英镑。这样一来，将英镑保持在指定水平的成本就会提高，超过政治上可以接受的限度。简而言之，即使英国政府想留在欧洲汇率机制中，但由于人们认为英国即将退出，这也会逼迫英国离开欧洲汇率机制。这个例子清楚地表明，正如索罗斯自己的反身性理论所预测的那样，预期是可以改变基本面的。

因此从1992年夏天开始，索罗斯决定以大空头做空英镑，借入了50亿英镑，用这笔钱购买德国马克。总的来说，他押注英镑兑德国马克要下跌，最终总计赚到了100亿美元。

1992年9月15日，交易者预期英镑即将贬值，就开始抛售英镑。最初，英格兰银行试图通过将全部英镑买下来保护英镑。首席交易员古姆·特罗特（Jim Trott）后来说到，在四个小时的时间里，英格兰银行买进的英镑数量空前绝后。第二天银行前后加息至12%和15%。然而，这项举措并没有阻止抛售大潮，所以英国政府投降，宣布即将退出欧洲汇率机制（意大利也宣布将退出）。利率也迅速回落到10%（到1993年初降到6%以下）。

结果，英镑兑德国马克迅速下跌。当其他交易者从中捞钱时，索罗斯持有的巨额空头意味着他将直接净赚10亿美元左右，同时，在人们熟知的黑色星期三之后的一个月里，相关操盘（包括做空意大利里拉）把获利提高到了20亿美元。相反，英国政府损失了33亿英镑。索罗斯在十月份接受《泰晤士报》的采访引发了媒体的大量关注，巩固了他作为传奇金融家的声誉。

被俄国空头狙击

当然，索罗斯并非次次得手。20世纪90年代，索罗斯投了很多钱，试图重建俄罗斯的公民社会。实际上，他的捐款给予俄罗斯的国际援助曾一度超过美国。最初他没有直接或以其他方式在俄国投资，因为他不想被指责存在利益冲突。然而，他相信经济改革最终会带来苏联解体后的经济繁荣，这意味着押注俄国的诱惑大到让他无法抗拒。

1994年，他做了一笔小投资，之后迅速卖掉赚取利润。三年后，他往俄罗斯押注了数十亿美元，其中包括把10亿多美元投注到近期私有化的一家俄罗斯电信公司。他还继续投资,另外直接向俄罗斯政府出借数千亿美元。然而,到了1998年8月,俄罗斯无力偿还债务,经济陷入了严重的困境。为了刺激各国救急,索罗斯投书英国《金融时报》,建议对俄罗斯提供150亿美元的国际财政援助,同时辅以其他措施稳定俄罗斯。

然而,这封信件却产生了严重的反效果,导致投资者更加惊慌失措。几天后,俄罗斯政府宣布不仅要卢布贬值,还要暂停债务偿还。随着投资者冲进交易所,这场金融动荡导致货币和股市暴跌。索罗斯此时是该国最大的私人外国投资者,因此受到重挫。事实上,他在几周后公开承认亏损了20亿美元。尽管受到重创,但量子基金当年总体上依旧盈利,这证明了索罗斯的投资才能。

乔治·索罗斯的启示

乔治·索罗斯认为,你只应该投资于自己的优势领域,或者是你比市场其他人更加了解的领域。早年他从事分析师职业时,他的优势体现在他对欧洲股票和企业的了解(大多数美国投资者都知之甚少）。自从运营量子基金以来，他的精力主要放在货币和固定收益市场。值得注意的是，在他的那次重大失败中，他走出这个领域，直接进行企业投资。这表明，如果你不理解一项投资理念，或者认为自己没有任何特别优势，那你就应该换一个选择。

索罗斯之所以成功，还因为他善于挑选适合与自己共事的人选。在量子基金早期阶段，他与另一位老练的投资家吉姆·罗杰斯合作。事实证明，他与斯坦利·德鲁肯米勒的合作让量子基金能够赢得巨额利润。他也会义无反顾地解雇那些真的是很差劲的投资经理（如吉姆·马奎斯）。投资者可以从中得到的启发是，尽管长期来看，投资信托和基金的表现不如市场（特别是在考虑到收费之后），精明的投资者仍然可以找到一些能够战胜市场的基金。

最后，索罗斯与俄罗斯的那次经历表明了保持客观十分重要。当然，出于道德原则而避开某些部门或国家是没有任何问题的，然而，出于你个人喜欢某个企业的总裁，或者赞同他们当下做的事情而去投资一个企业或一个国家几乎算不上明智。有趣的是，我们注意到索罗斯虽然支持英国留在欧盟，并且警告投票脱欧有损经济，但这并没有阻止他事后赚到了十分可观的财富。事实上，虽然他亏掉了做空英镑赚来的钱，但他通过在全球市场和金融机构购买看跌期权而获得了更多的回报（因为看跌期权是一种合同，允许你有权而非强制你以一定的价格卖掉资产，因此一旦结果知晓了，看跌期权的价格就会飙升）。

乔治·索罗斯的投资生涯

表现 ★★★★★

乔治·索罗斯一直都是一名非常成功的对冲基金投资家,凭借自己的才能积累了预计超过 250 亿美元的财富。

长期性 ★★★★★

自 20 世纪 50 年代起,索罗斯一直都在参与投资。

影响力 ★★★

人们认为乔治·索罗斯的慈善事业加速了铁幕倒塌,认为他 1992 年狙击英镑迫使英国脱离了欧洲汇率机制。尽管他是早期的对冲基金经理之一,但他对投资界的实际影响却比较有限。

模仿的难易程度 ★★

索罗斯是一位富有冲劲的操盘手,尤其是在货币市场上。由于使用的杠杆程度不同,货币市场对交易新手来说可能是危险之地。他还将越来越多的资本外包给其他经理。

总体评价:14 ★(满分 20 ★)

第四堂课　不要跟风

迈克尔·斯坦哈特

最好的投资者，也难以阻挡"随波逐流"

很多人喜欢把自己视为逆势投资者。当然，你可以反驳说，所有交易者，甚至趋势跟随者说到积极头寸交易，是暗指市场出了问题。但是，如果将逆势投资者定义为积极寻求投资机会，和其他人背道而行的投资人，那符合标准的投资者确实为数不多。敢于并坚定地把逆势投资作为核心战略的人更是少之又少，多数人都把它当作偶尔拿出来用接着遗忘掉的又一种投资工具。

迈克尔·斯坦哈特是其中的一个例外。作为第一代对冲基金先驱之一，他利用投资结构提供的自由，长线持有大量的逆势头寸。他不仅有过多次令人瞩目的短线交易成功，而且经过较长的一段时间也获得了巨大的回报。他也是一位能够让普通投资者获益匪浅的人士。

市场的社会学

迈克尔·斯坦哈特1940年出生于纽约。在1960年，19岁的他就早早地从宾夕法尼亚大学毕业，获得社会学和统计学学位。之后，他在卡尔文·巴洛克共同基金的统计部门工作。他认为这个工作机会激起了他对股市的兴趣。与此同时，他开始依靠父亲的大笔贷款资助，自己投资股票。在军队服役以及在《金融世界》简讯工作一小段时间之后，斯坦哈特找到了一份在华尔街经纪公司利布·罗兹担任分析师的工作。

在利布公司期间，斯坦哈特给海湾西方公司这样在20世纪60年代的牛市获得巨大回报的集团公司推荐成长股，在这方面他做得非常成功。这一成功促使他成立了自己的投资基金公司SFB，该基金公司使用了当时新兴的对冲基金结构。尽管严格来说，他和宾夕法尼亚州的两位校友之间是合作伙伴关系，但公司的重大投资决策由斯坦哈特决定,并且由他担任首席执行官。该基金的大部分资金来自心满意足的客户和家人朋友。

1978年,他几乎完全退出投资行业,但经过合作伙伴说服,只进行了为期一年的休假。具有讽刺意味的是,在一年后重返投资行业不久,他最终从合作伙伴那里独揽了控制权。在接下来的16年里,斯坦哈特继续运营资金,最后在1995年清空基金(改名为斯坦哈特合伙公司)。然后,他继续投资自己的资金,2004年他重返投资世界,担任智慧树投资公司的董事长。

从大宗交易到异向认知

起初,斯坦哈特的基金以参与大宗交易而闻名。大宗交易涉及买入和卖出来自大型机构的大宗股票,从而获取市场价格折扣(在卖出的情况下获取溢价),以期抛售时获利。批评者认为,SFB正是利用做大宗交易所学到的市场知识来赚钱,以此领先于其他市场参与者(例如,预期会有大订单,于是就购买大宗股票)。事实上,斯坦哈特本人也承认,他确实借此获得了优势,但是他认为这样做并不违反规则，而且这对整体利润的贡献只有很小的一部分。

斯坦哈特称，他基金的大部分利润来自自己的头寸交易。他将所采取的主要策略称之为"异向认知"，其他人则称之为逆势投资。他用自己基金花在股票佣金上的钱从经纪人那里获得大量的信息和研究，借此找出华尔街对股票、资产甚至整个市场的共识。确定了这点之后，他自己开展研究，找出市场共识的错误之处，据此进行头寸交易。这也就是说，他觉得市场对什么态度过于消极他就会买入什么，市场对什么态度过于乐观他就会卖空什么。他做的大部分交易都是短线交易，并且他认为自己是一个随机应变的投资家。有好几次他觉得市场向他倾斜时，他买入头寸并赚了不少钱，但后来觉得市场变动太大，然后他就卖空了头寸。

不那么漂亮的漂亮50

在20世纪70年代初，成长投资风靡一时。事实上，投资者对"漂亮50"尤其感兴趣。漂亮50包括柯达、通用电气、可口可乐和麦当劳等近50家前景特别被看好的公司。因为投资者猜想漂亮50会无限期地持续增长，因此愿意为此支付高达30~40的市盈率。虽然漂亮50的销售额确实在快速增长，斯坦哈特也认为漂亮50的经营状况整体良好，但他认为市场情绪如此乐观，估值如此之高，以至于股价唯一的走向就是下跌。

因此，斯坦哈特的基金在1972年做空了漂亮50中的许多家。起初，斯坦哈特的逆向立场似乎是错误的，因为股价不断上涨。更糟糕的是，斯坦哈特基金购买的许多低价价值型股票表现不佳。尽管当年该基金业绩不佳、经纪人补仓压力巨大，但斯坦哈特依然保持自己的立场。最后他得到了回报：股市在接下来的两年里崩盘，漂亮50遭受了特别严重的打击。事实上，斯坦哈特做空的股票之一拍立得最终从1972年的最高点跌到1974年的最低点，下跌91%。

斯坦哈特根据自己的理念，在1974年底推断整个市场已经崩盘过度了。因此，他以巨额利润补进空头头寸，大力投资股票，但没有投资漂亮50。当20世纪70年代中后期市场真的反弹的时候，这种逆势态度再次让他大赚一笔。

20世纪80年代初期的债券市场是斯坦哈特另一个靠反向投资赚大钱的例子,但这次他采取了长线交易。在20世纪70年代后期,美联储大力提高利率对抗猖獗的通货膨胀。由于利率升高时债券价格下跌,因此天价利率意味着债券价格跌到历史最低。不过,斯坦哈特认为,美联储最终将不得不放松管制,因为高利率也在损害美国经济。因此他的基金借入大量资金购买了五年期美国国债。

就像他做空漂亮50的情形一样,这笔交易并没有马上就向斯坦哈特倾斜。事实上,他在1981年初开始购买国债时,利率一直持续上涨到夏末。这反过来推动了债券价格的进一步下跌,导致他在介入的几个月里损失巨大。但他仍旧坚持己见,拒绝卖空或降低自己的风险。当然,当利率开始回落时,国债价值开始激增,让他赚得盆满钵满。

没有成功的交易

斯坦哈特并不总是遵循自己的规则,导致他偶尔也会错失良机。事实上，他声称在（1987年10月19日）黑色星期一之前，他越来越担心市场被高估了。他还担心散户投资者开始使用大量的杠杆，这是非理性乐观的又一迹象。最后，他担心衍生品和程式交易（一种与衍生品有关的套利形式）的增多加大了潜在的下行风险。

不过，由于担心错失股市上涨带来的收益，斯坦哈特决定不听从自己的警告，继续保持大多头。结果市场一天暴跌20%以上，他的基金完全暴露，导致他亏损了约2.5亿美元。虽然在市场反弹之后，他的基金赚回了一点钱，但是决定忽视警告信号导致基金从当年的45%跌到仅有5%（与同期的市场水平大致相同）。

在20世纪90年代初期，斯坦哈特开始做空短期债券，并用这笔资金购买长期债券。这一策略效果不错，因为美联储保持低利率，让他从收益率较高的长期债券中获利。长期利率下降，长期债券的价值也逐渐提高（债券价格和利率成反比），他因而能够获得额外的资本收益。欧洲汇率机制危机在1993年底偃旗息鼓之后，他买空了大量的欧洲债券，这让他能够卷入长期利率会继续下跌的市场共识当中。

然而，在1994年初，对通货膨胀的担忧促使美联储出乎意料地提高利率，这引发债券市场担心利率会进一步提高。因此，欧美长期利率上涨，推低了债券价格。由于许多对冲基金所处境况相同，导致事态恶化，因为他们同时恢复了原有持股量，因此更加火上浇油。由于斯坦哈特使用了大量的杠杆，他最终亏损了13亿美元左右，导致他的对冲基金在几个月内下跌了约30%。损失如此惨重，但他并没有立刻全身而退，而是他一直在投资界待到了1995年，挽回了约7亿美元的损失。

回报丰厚

尽管出现了这些错误，斯坦哈特仍然拥有出色的业绩记录。事实上，斯坦哈特基金从1967年运营到1995年的28年间，年均净回报率接近25%。和其他对冲基金经理一样，斯坦哈特同时收取了行政管理费和绩效费，这意味着他的毛收益率接近30%，即使是净回报率也几乎是同期13%的年均市场回报率的两倍。

斯坦哈特合伙公司从1967年770万美元的初始资本基础增

长到 1995 年的 26 亿美元（包括子公司在内）。公司的成功使斯坦哈特积聚了一笔高达 10.4 亿美元（根据福布斯预估）的财富（截至 2015 年 5 月）。然而，他的职业生涯并非没有一丝争议。1994 年，他亲自向美国司法部支付了 4000 多万美元，以解决指责他操纵债券市场的索赔案，但是斯坦哈特一直否认这些职责，辩称他支付理赔费是为了避免漫长的官司战。

虽然值得，但是困难重重

大宗交易不是普通投资者可以做的。迈克尔·斯坦哈特的业绩记录表明，违背市场共识，尤其是当市场情绪处于极端情况时，是有可能赚到大钱的，例如 20 世纪 70 年代早期的成长股和 80 年代的美国债券。但是，光是逆势而为还不够，你需要确定自己立场正确。事实上，斯坦哈特指出，很多人比他早好几年就投注了债券，结果看到债券只会涨得更厉害。同样，漂亮 50 中的许多家公司都很适合投资，因为事实证明，有些公司后来反弹了。

逆势投资的另一个问题是它违背了我们人类在群体中寻求安

全的本能。因此，即使是最好的投资者也很难不"随波逐流"。这就是为什么即便斯坦哈特本人也时不时违背自己的原则。斯坦哈特在1987年美国股灾和1994年债券市场崩盘之后通过卖空一切资产来处理亏损，看清自己在哪里出了问题后从头开始重建他的投资组合。

即使你足够自律成为逆势投资者并且能够选对时机，你也应该做好准备，让市场一开始就和你背道而驰。如果你想打一场长时间的比赛，有一点至关重要：你需要时刻具备足够的流动资产来处理临时的现金危急状况，这样你就不必早早卖空。

迈克尔·斯坦哈特的投资生涯

表现 ★★★★★

1967年至1995年间,斯坦哈特的基金收益丰厚,使他能够积累按当下标准预估约10亿美元的财富。

长期性 ★★★★★

斯坦哈特理财超过三十年,如今仍在涉足金融领域。

影响力 ★★

斯坦哈特是著名的慈善家、早期对冲基金经理之一。不过,他对投资的影响有限。

模仿的难易程度 ★★

斯坦哈特做的是杠杆式赌注,一般不推荐普通投资者效仿。他还利用大宗交易策略赚了一部分资产。

总体评分:14★(满分20★)

第五堂课　烟头理论

本杰明·格雷厄姆

永恒的真理：低成本才能获得高收益

个人投资策略多种多样，但主要的两种策略是成长投资和价值投资。价值投资是一门以低于股票实质价值的价格购买股票的艺术，创始人是本杰明·格雷厄姆。事实上，格雷厄姆对该投资学派的影响非常深远，以至于沃伦·巴菲特（格雷厄姆的学生）将他1984年有关顶级价值经理的知名调查报告的标题定为"格雷厄姆——多德都市的超级投资家"。当然，格雷厄姆并不只是提出了价值投资理论，他还利用这个理论为他的投资者赚了一大笔钱。

本杰明·格雷厄姆1894年生于伦敦，但一年后，他的家人搬到了纽约。虽然为了补贴家用不得不身兼多职，但他的学习仍旧名列前茅。然而，由于学校行政混乱，尽管他入学考试成绩很好，但是申请哥伦比亚大学奖学金还是遭拒。在纽约市立学院入学不久，并在一家电气公司工作之后，他重新申请并获得了本应获得的奖学金。不仅在两年半的时间里完成了学位，而且在毕业时拿到了好几个部门的讲师职位。

然而，格雷厄姆认为最佳的职业是在华尔街工作。经哥伦比亚大学院长推荐，他进入纽伯格-亨德森-劳伯公司的债券部门工作。尽管他最初是做信息员，但他在公司晋升很快，六年内成了公司合伙人。然而，在1923年，他决定独自出击，为私人客户管理资金。1926年，他和杰罗姆·纽曼共同创立了两家投资合伙公司：本杰明·格雷厄姆联合账户公司（后来的格雷厄姆-纽曼公司）和纽曼-格雷厄姆基金。这两家公司运作了三十多年，一直到他退休。

尽管选择了华尔街，格雷厄姆并没有放弃学术。从1928年到1955年他在哥伦比亚大学商学院教授商业课程。他的很多学生成了出色的基金经理，最著名的就是巴菲特（他也在格雷厄姆-

纽曼短暂工作过）。商业课程也奠定了1934年出版（与大卫·多德合著）的投资经典之作《证券分析》的基础。《证券分析》主要针对金融分析师而写。为了把价值投资带给更多的读者，他还撰写并在1949年出版了《聪明的投资者》，这本书十分畅销，大受欢迎，以至于格雷厄姆进行了四次修订，其中一次是在他1976年去世前不久。

买价值，抽"烟头"

在《聪明的投资者》一书中，格雷厄姆驳斥了市场时机和成长股（他称之为"长期选择"）等几个时兴的策略。他认为对个股或整体市场择时出击的行为是"投机"，在这种情况下个人"没有真正的误差"。同样，虽然他赞同"精心挑选的公司可以在几年时间里将其收益增加两倍、股票价格翻两番"，但他指出，"公司的长远未来至多只是一个根据经验知识做出的猜测"，而且，"要是一家公司的美好前景显而易见，这点往往都反映在股票上——'而且通常会被过度折现'"。

格雷厄姆认为，投资者的最佳时机来自"廉价用途"，他将之定义为"经过合理可靠的技术衡量，售价远低于其真实价值的证券"。就像由于过度乐观，成长股经常被高估一样，那些做得不好的公司有时会被低估，因为公众的情绪对其过于不利。事实上，他认为，"当某个企业或行业略显不景气时，华尔街很快会认为其未来毫无希望，因此无论如何都不购买"。格雷厄姆认为这是买入的最佳时机。

格雷厄姆认为，股票价格总体表现得像一个古怪的商业伙伴——这位"市场先生"愿意开出一定的价格购买你持有的公司股份。有时候，他对公司价值的看法是"业务发展和前景正如你所了解的那样是可行的、正确的"。然而，其他时候，"他让热情或恐惧冲昏了大脑，因此他所提出的价值在你看来似乎有点儿愚蠢"。因此，当市场先生的价格很低时，购买某家公司的股份然后在"市场先生给你开出荒谬可笑的高价时"把股份卖给他，这种做法是合乎情理的。

格雷厄姆认为有两种方法可以找出公司的内在价值。一种是使用各种通常以利润未来的增长率为中心的估值技术。尽管他认为前景较好的公司理应开出高价，但他也认为投资者有更好的机会去跟以较低市盈率进行交易的股票议价。他特别喜欢"烟头"公司，即那些被市场嫌弃、不得不把净资产值（资产减去负债）大打折扣而进行交易的公司。

事实上，格雷厄姆就在他去世之前说到要战胜市场，唯一"永久可靠且令人满意"的方法是购买这些超级廉价的公司。这是因为"如今大量研究"证明"精密的证券分析技术"不再产生"足够优越的选择来证明其成本的合理性"。

格雷厄姆也主张安全边际。由于所有人为估值至多只是基于经验知识的猜测，他认为在投资某家公司之前，这家公司必须要大受低估。在很多情况下，最好等待一个绝好的机会出现，而不是因为某个仅仅是"良好"的时机正好唾手可得就勉为其难地接受。沃伦·巴菲特和塞思·卡拉曼等价值投资者也赞同这一点。

格雷厄姆－纽曼公司

格雷厄姆的主要基金格雷厄姆－纽曼公司一般都遵循这两个

价值策略。然而，需要知道的是，他还用了另外两种技术加以补充，即可转债套利和合并套利。合并套利是买入即将被收购的公司的股票（并出售正在收购的公司的股票），以期合并完成后价格上涨。可转债套利的原理是与普通股相比，可转换债券（可转换为股票的债券）的价格有时被低估。在这种情况下，他会卖空股票并购买可转换债券。

格雷厄姆－纽曼公司头十年没有资料记录。格雷厄姆本人坦言，尽管该基金最初表现良好，但在1929年的华尔街股灾中损失惨重。事实上，股灾过后的三年里，公司损失了70%的市值，但这还略低于市场总体亏损。格雷厄姆表示，亏损的其中一个原因是他因此惊慌失措，贷款购入了更多的股票以提高收益。结果，格雷厄姆和纽曼不得不在颗粒无收的情况下工作了一小段时间，同时挽回其投资组合的价值。

在1936年将联合账户重建为格雷厄姆－纽曼公司至1956年清盘之间的二十年间，（格雷厄姆1973年版的《聪明的投资者》中提到）投资者平均每年回报率在20%左右。收益的主要形式是非常高的年度红利，因为格雷厄姆认为，如果基金的价值太高，就很难找到足够好的时机。事实上，即使截止到1956年，该基金的净资产只有660万美元（相当于2015年价格的5760万美元）。这20%的回报率远超年均回报率仅为10%的整体市场表现。

政府雇员保险公司

政府雇员保险公司是格雷厄姆做得最好的投资。当时政府雇员保险公司是一家专门向政府雇员卖保险的新兴保险公司。在八年前获得第一笔利润后，公司收益快速增长。1948年，公司决定从得克萨斯州搬到华盛顿特区，以便更好地接近客户。结果，拥有其75%股份的银行家克利夫斯·里埃决定卖掉自己的股份。

当时，由于高度通货膨胀，政策性支出超过了保费，保险业处在恐慌状态，结果，整个行业都非常不受待见。这就意味着，格雷厄姆-纽曼能够买到该公司三分之一的股份。吸引格雷厄姆的原因是该公司的交易价格低于净资产，使其成了价值投资，与此同时他注意到，该公司使用邮件订单销售来削减成本，目标受众普遍可靠，这是它相较于其他公司的竞争优势。

格雷厄姆对政府雇员保险公司如此乐观，以至于他违反了格雷厄姆-纽曼基金的规定，即每笔投资中基金的投入不得超过5%。他用该基金四分之一的资产购买了里埃持有股份的50%（相当于整个公司三分之一的股份）。由于投资公司持有任何一家保险公司的股份最多只能是10%，美国证券交易委员会试图取消这项交易。针对这一规定，格雷厄姆并没有出售股票并将收益再投资，他的方法是将所有购得的股份直接分给投资者作为特别股息。

事实上，格雷厄姆对该公司非常乐观，以至于在价格飙升之后他和纽曼还一直长期持有公司股份。从1948年到1965年，格雷厄姆在政府雇员保险公司的董事会任职。他在1973年版的《聪明的投资者》中坦言，尽管"价格上涨远远超过了实际的利润增长"，也就是说"几乎从一开始，从两位合伙人自己的投资标准来看，报价就显得过高"，但他仍然坚持控股。

然而，"因为合伙人认为公司是某个'家族企业'，所以尽管价格大幅上涨，他们仍然持有该公司大量的股份"。事实证明，这是一个明智之举。仅在1948年至1956年间，政府雇员保险公司的股价就涨了十倍（年回报率为33%）。然而，从1948年到1972年的最高点，股票价值将上涨超过500倍。总的来说，正如格雷厄姆自己所说的那样，"仅从这一笔投资决策中获取的利润总额，就大大超过了20年内在合伙人专业领域里广泛开展各种业务所获得的其他所有利润"。

价值至关重要

大量的研究证实了本杰明·格雷厄姆的观点，即投资市盈率和市净率低的股票，回报会高于整体市场。例如，纽约大学的阿斯沃斯·达摩达兰发现，1952—2010年，市盈率最高的股票结果年均收益率低于15%，相比之下，市盈率最低的股票年均收益率近25%。同样，从1927年到2010年，市净率最高的收益率只有11%，而最低的则有17%。

甚至有证据表明，市盈率可以预测整个市场的未来走势。先锋基金管理公司的约瑟夫·戴维斯（Joseph Davis）在2012年的一项研究中发现，美国市场的市盈率与随后的1926—2011年86

年的实际（除去通胀因素后的）收益率之间存在密切的负相关关系（相关系数为 –0.38）。对比之下，预测的 GDP 增长率、以前的股票收益率、十年期债券收益率甚至利润增长率等变量几乎没有或不存在解释价值。

然而，格雷厄姆在政府雇员保险公司的经历表明，尽管坚持投资策略非常重要，但在有些情况下灵活变通也会获得回报。

本杰明·格雷厄姆的投资生涯

表现　★★★★

在与杰罗姆·纽曼合作的时间里,格雷厄姆轻轻松松大幅度战胜市场。然而,该基金的价值受到了华尔街股灾的重创。同样值得注意的是,按现代标准来看,该基金规模非常小。

长期性　★★★★★

本杰明·格雷厄姆和杰罗姆·纽曼之间的各种投资合伙关系持续了三十多年。

影响力　★★★★★

本杰明·格雷厄姆被认为是价值投资的创始人,归功于他的两本著作:《证券分析》和《聪明的投资者》。他在哥伦比亚大学任教时,直接影响到了其他一些著名的投资家,最著名的当属沃伦·巴菲特。

模仿的难易程度　★★★★

购买市盈率低或售价低于净资产值的股票是一种相对直接的策略,尤其是考虑到股票筛选工具随手可得。你甚至还可以通过ETF基金① 有效地买入一系列这种类型的股票。

总体评分:18 ★（满分20 ★）

---

① ETF又称"交易型开放式指数证券投资基金"（Exchange Traded Fund的缩写）,简称"交易型开放式指数基金",又称"交易所交易基金"。ETF是一种跟踪"标的指数"变化、且在证券交易所上市交易的基金。

第六堂课　寻找廉价时机

沃伦·巴菲特

投资给项目，不要投资给人

不出所料，投资界的名人寥寥无几。甚至在 2008 年金融危机之前，金融家受到的不是称赞，更有可能是嘲笑和怀疑（正如乔治·索罗斯所发现的那样），但沃伦·巴菲特却是其中的例外。巴菲特每年召开的伯克希尔·哈撒韦公司股东大会，尽管是在内布拉斯加州中西部的寂静之城奥马哈举行，但仍有多达四万人飞赴现场，只为能亲耳聆听巴菲特的现场答问。参会的人员中有好多是海外投资者。在 2016 年的股东大会参会者中就有 3000 名左右的华人。大会人气如此之高，因此被称为"资本家的伍德斯托克音乐节"②。

巴菲特不仅是投资大腕,而且是政治元老。譬如,"9·11"恐怖袭击事件发生后,他被推至幕前,让美国民众再次相信投资股市仍是理智之选。他随便发的一条平淡无奇的评论,往往都成为新闻头条。或许在2008年10月金融危机最严重时,最能证明他在人们心中的威望。当时人们高度质疑资本主义(更不用说华尔街)是否可以渡过这次危机,而两位总统候选人都建议他取代亨利·保尔森担任财政部部长。

那么,巴菲特为何如此受欢迎?他如此有魅力的原因之一就是人们认为他很朴实。尽管身价数十亿美元,他仍然住在市郊,开着便宜的车。人们还认为他是一位慈善家,2006年他承诺在去世后将个人的巨额财产几乎全数捐献给慈善事业。但他人格魅力的关键在于他所展现的才能:运用许多人称为简单的"常识"型投资技巧,在过去的50多年里不断地战胜股市(但要解释起来的话,其实要更复杂一点)。巴菲特的经历传达了一个比其他

---

② 伍德斯托克是美国纽约州北部的城镇。1969年有两名青年在这里组织了一场音乐节,不料竟有近40万美国青年前来参加。该音乐节是全球最著名的摇滚音乐节之一。

投资家都要简单的信息：如果他能战胜市场，那你也可以。

从奥马哈走向华尔街

巴菲特于1930年出生于内布拉斯加州的奥马哈。他的父亲曾是股票经纪人，后来当上了国会议员。巴菲特很早就展现了企业家的潜质，学生时代就经营了好几家公司，盆满钵满的他买下了一个农场，并与父亲携手投资了一家企业。他对赛马也非常感兴趣，变成了老练的博彩者。在沃顿商学院读了两年后，巴菲特转到内布拉斯加大学完成了经济学位，其间开始涉足股票市场投资。在读过《聪明的投资者》和《证券分析》之后，巴菲特向哥伦比亚大学商学院提出申请，因为本杰明·格雷厄姆和大卫·多德都在那里任教。

巴菲特表现十分优异，在攻读工商管理硕士期间与格雷厄姆和多德建立了友好关系。虽然他主动要为格雷厄姆－纽曼公司免费工作，但起初遭到了拒绝。之后巴菲特回到奥马哈，在父亲的公司做起了股票经纪人。他还在内布拉斯加大学教授投资相关的夜校课程。他不断地跟格雷厄姆分享自己的投资理念，于是格雷厄姆改变主意，在1954年聘用巴菲特为分析师，让他负责对格雷厄姆有意向购买的各类公司进行大量调研，例如实地访问。

巴菲特很享受这份工作，后来他也表示这份工作让他积累了宝贵的经验。但是，在巴菲特受聘后仅一年多的时间里，格雷厄姆就告诉他，自己要从投资界退休了。为了保证他退休后公司继续运转，格雷厄姆主动提出让巴菲特担任公司的合伙经理人。但问题是巴菲特必须当格雷厄姆合伙人杰罗姆·纽曼的儿子的下属。巴菲特认为自己当家的时机已经成熟，因此拒绝了这份工作，反而选择回奥马哈创办了自己的合伙公司。

几乎一回到家乡的同时，巴菲特就开始组建投资合伙公司。其中最重要的是成立了（从1956年运营至1970年的）巴菲特合伙公司。到了20世纪60年代后期，他认为股票价格过高，导致他不仅获得高收益的概率减小，而且在当时运用的"烟头"型投资方式（下一节会进行解释）难以实施。因此，他将公司清盘，建议投资者转而投资债券，因为在随后的十年里，债券的表现非常好。此时，他重点放在了伯克希尔·哈撒韦公司。

巴菲特1964年把伯克希尔这家纺织品制造公司作为价值投资买下，然而他很快意识到，在国内外纺织品制造公司的竞争下，该行业变得不景气，伯克希尔在这条路上是走不下去的。所以，巴菲特将其变身为投资控股公司，按照对冲基金的模式运作。50多年后，虽然1978年加入了查理·芒格担任高级顾问，但巴菲特仍继续运营该基金。其他基金经理，包括政府雇员保险公司的路·辛普森，通过管理子公司的投资，为伯克希尔的成功贡献了自己的力量。

从价值投资转向成长投资

巴菲特师从格雷厄姆，他靠效仿格雷厄姆的策略来购买廉价公司起家。事实上，巴菲特合伙公司重点关注"烟头"股票，即交易价低于其净资产价值的公司（用巴菲特的话说，就像"发现抽了一半就扔掉的香烟。或许烟头很丑，而且软塌塌的，但那口烟却是免费的"。）。巴菲特会购买大量的（他称为）低估类投资股份，等待市场情绪上涨，从而推动股价上涨到能够在卖出后获取丰厚利润的程度。而在某些情况下，巴菲特会利用自己在公司所持有的股份，试图加快攫取价值的过程。

这种策略通常将公司的基础业务与更有价值的资产剥离开。在少数情况下，基础业务确实赚不到什么钱，不得不逐渐关闭。然而，大多数情况下，盈余资产本质上属于财务，所以和基础业务拆分后不会损伤到企业（也不会导致任何人失业）。例如，巴菲特合伙公司收购了一家地图绘制公司，这家公司持有大量（无须用于支付任何运营费用或者未来债务）的债券和股票。事实证明，把剩余的股份买下，然后把投资组合从剩余的业务中分离出来，这样的操作会相对简单点。

同时，巴菲特合伙公司有三分之一左右的投资组合投到了巴菲特所说的"套利型投资"即现在所说的合并套利当中，这类投资公司是处于收购中的公司，通常交易价都是低于收购方的开价（开价几乎都是高于这些被收购公司的交易价）。巴菲特买下这些公司，希望成交后价格的涨幅能够不只是抵消交易落空的可能性。

然而，有了伯克希尔·哈撒韦公司后，巴菲特的策略发生了变化，主要表现在两个方面。首先，他开始放弃购买低于清算价值的廉价股票，转而购买价格低廉但前景稳健的公司的股票。后来他进一步扩展这一策略，买进市盈率与市场其他对手相同的公司股票，只要他认为这些公司从长期来看前景足够光明。当然，巴菲特坚称自己还在坚持一项基本价值策略，即以低于公司内在价值的价格买进公司的股票。唯一不同的就是他现在愿意持股的公司多了很多，但前提是交易价格公道。

当然，虽然他在价值投资和成长投资之间做了妥协，但这种转变还是有所保留的。比方说，他不会购买科技股，或者任何看似过于复杂的股票，他把重点放在零售和保险等容易搞得懂的行业，因为这种行业能够带来丰厚的利润，可以再次用来投资伯克希尔公司。实际上，他非常重视拥有护城河——法律或运营优势的公司，因为可以阻止竞争对于进入并压低利润率，同时让他所投资的公司通过将价格提高到通胀率之上，提高收入增长率。

另一个重大转变就是他逐步放弃在股价过高时进行抛售的上市股票，转而直接买进公司股票并坚定持有。这样做的一个原因是，随着伯克希尔公司资产增加，巴菲特发现，越来越难以持有为数不多的中型公司的少数股权,而直接收购这些公司使得他的投资组合相对集中,不会将自己局限在蓝筹股上。收购保险公司是巴菲特的最爱之一,同时也具备另外一个优势:溢价可以用于再次投资价值股,在真正需要使用溢价之前就能够先赚取丰厚回报。

成功60载

不管是作为一名深度价值投资家,还是作为一名坚信成长和价值并不相斥的投资人士,巴菲特都是大获成功的。1957年初至1969年末,巴菲特合伙公司年均回报率仅略低于30%。虽然合伙协议意味着巴菲特也能分红,但普通投资者的年均回报率仍有23.8%,远超年均增长仅为7.8%的道琼斯指数。也就是说,把1万美元投资到该基金,13年后就会创收近15万美元,无论怎么看,这样的回报都十分可观。

伯克希尔·哈撒韦公司发展极其强劲。1965年到2015年末,公司的股价年均增长率达20.8%,再次超过同期增长率仅为9.7%

的标准普尔500指数。以数额来衡量就是，1965年初投资1000美元，到2015年末，投资的价值将达到1598万美元。实际上，如果在巴菲特合伙公司创立之初就投资1000美元，在1970年初把所得回报投资到伯克希尔·哈撒韦的股票，那么现在这笔钱的价值就达到6852万美元。在我写这本书的时候（2017年1月），伯克希尔·哈撒韦市值总计4069亿美元。公司业绩的稳定让巴菲特积聚了巨额财富——据《福布斯》估算约有710亿美元。

鉴于以上这些数字令人赞叹，在这里指出巴菲特最近的成绩并不那么理想好像有点不礼貌。自2008年初以来，伯克希尔已经落后于市场，（截至2016年末）回报率仅为72.4%，低于85.5%的整体市场回报率。相当于说该公司的年均回报率为6.2%，而标准普尔500指数则为7.1%。巴菲特本人也坦言，由于伯克希尔规模庞大，因此很难找到相应的投资项目，再次赚取他早期那样的收益。

重振格雷厄姆的基业

投资政府雇员保险公司体现了巴菲特投资方式的转变。上一章提到，由于战后早期行业状况不佳，政府雇员保险公司的市值低迷。1951年，年轻的沃伦·巴菲特在哥伦比亚大学就读期间了解到格雷厄姆就是政府雇员保险公司的主管，因此他下定决心，自己对公司做调查，包括走访子公司，成功和公司总裁助理（助理后来成了首席执行官）交谈后，巴菲特发现该公司潜力巨大，虽然只有8倍市盈率。

巴菲特不仅拿出三分之二左右的净资产，也就是1.0282万美元投资到该保险公司，而且还在金融报《商业金融纪事报》上撰稿介绍该公司，在做股票经纪人的那一小段时间里头，他还向客户推荐该公司。股票价值暴涨，可是一年后巴菲特却错误地抛售了自己持有的股份。虽然巴菲特在这场收益率超过48%的投资中拿回了1.5259万美元，但是他却错失了在未来20年赚取更多利润的机会。事实上，要是没有抛售的话，他的投资额将增加到80倍，这要高于格雷厄姆·纽曼公司或是巴菲特合伙公司的回报。

1976年,巴菲特等来了弥补之前失误的机会。受到通货膨胀、政府调控和过度扩张的影响,政府雇员保险公司在1975年首次出现亏损。与此同时,关于该公司误报盈利的丑闻传出,击垮了市场对该公司的信任度。受到这些因素,以及股市崩盘的影响,政府雇员保险公司的股价从每股61美元的峰值暴跌至2美元。此时,巴菲特再次燃起对该公司的兴趣,将其视作价值投资公司。经过分析,他发现公司的会计问题并不如传言一般严重。政府雇员保险公司凭借目标市场和低价销售策略,相较于其他公司仍具有较大竞争优势。

因此,巴菲特开始加大持股,首先以2350万美元买下了普通股和可转换债券(可转换为股票的债券),接下来的四年里继续投资。到1980年,持股比例达到二分之一。不同于20世纪50年代的是,此次股价蹿升时,他决定稳住,认为公司的增长潜力会证明股价上涨是正确的。到1994年,他所持股票的价值从1.05亿美元增至16.8亿美元,相当于14年间增加了16倍,仅年均投资回报率就达到了21.9%。

最终在 1995 年，巴菲特直接收购了该公司。虽然无法衡量公司现在的价值，但在过去的 20 年里，公司的承保收入增加了 5 倍，这个指标也体现了该公司的实力。政府雇员保险公司利润丰厚，获得的承保收入（即浮存金）能有效地进行免息再投资。因此可以下结论说，对伯克希尔而言，政府雇员保险公司这样的私有企业也是一个有利可图的投资。

巴菲特的启示

巴菲特的投资风格变化巨大，起初创立巴菲特合伙公司时，他是一名深度价值投资家，后来他转而关注优质型成长投资。因此不同类型的普通投资者从他的经历当中获得的启示也各不相同。看重价值的投资者会关注巴菲特早期的成功，从中学习如何通过收购交易价低于内在价值的公司来赚钱。相比之下，成长投资者则认为巴菲特的成功在于收购了经营良好的公司：这些公司有能力捍卫自己的市场地位，因此也能够在不景气的时期产生稳健的现金流。

事实上，虽然巴菲特有涉足成长投资，但他将更多精力放在价值投资上。他本人曾表示他转而关注成长投资和整个公司的所有权（与个股相对），不是自愿选择，而是迫不得已。他还表示，如果没有约束，他仍会坚持他在巴菲特合伙公司的那些年所采用的深度价值策略。1999年接受采访时，他（略夸张地）说道："本世纪50年代，我获得的收益率是最高的，完胜道琼斯指数。你真应该看看当时的数据。我当时投的钱不多，但这是个巨大的结构性优势。我认为我能够让你100万美元的投资获得50%的年均收益率。"

不过，巴菲特给出的很多投资建议适用于所有投资类型。比如，他认为评估公司潜力的最佳方法就是关注其经济状况而非其管理团队。正如他直言不讳的那样："如果一个能力出色而名声大噪的管理团队遇到了一家状况糟糕而人尽皆知的公司，那么这家公司的名声也不会有任何变化。"

巴菲特还提到，如果股东所持股票价格暂时下跌，股东不应感到惊慌。就好比杂货店降价消费者就会欢喜雀跃一样，股东们也应该接受所持股票价格下跌的这种情况，因为这样一来他们就能够买入更多股票。这种态度自然会让杰西·利弗莫尔等操盘手抓狂不已,但是对长期投资者而言,这种策略有一定的道理,最后还可能增加收益。

沃伦·巴菲特的投资生涯

表现 ★★★★★

虽然过去十年伯克希尔·哈撒韦表现相对一般,但是自20世纪60年代中期起,该公司就以5%左右的年均回报率战胜了市场,这甚至还没有考虑到不利的课税情况。巴菲特之前的合伙公司表现甚至更为优异。

长期性 ★★★★★

在过去的六十多年里,巴菲特经营了多家合伙公司和基金。

影响力 ★★★★

巴菲特凭借自身成就成了华尔街的公众人物。同时,很多基金经理表示都在效仿巴菲特的策略。然而,很多声称受到巴菲特启发的经理却采取大相径庭的策略。

模仿的难易程度 ★★★

自20世纪90年代以来,伯克希尔·哈撒韦公司放弃了简单的选股,转而选择将非公共投资作为大部分的净资产。但是,他当初采取的策略——以低价购买优质公司的集中化投资组合——还是比较容易模仿的。

总体评分:17★(满分20★)

第七堂课　逆势投资

安东尼·波顿

冷门中暗藏契机，逆境中也有趋势

英国股市规模较小，而且英国人历来不爱大谈金钱，这就意味着在英国，像大洋彼岸那样引人注目的基金经理可谓是寥寥无几。不过这并不是说英国的基金经理略逊一筹。事实上，无论是资历，还是表现，安东尼·波顿的业绩记录都可与投资界的牛人齐名。甚至可以说，比起沃伦·巴菲特，安东尼·波顿更适合投资者效仿，因为波顿始终瞄准上市公司、密切关注价值。相比之下，巴菲特越来越远离廉价公司的上市投资，转而青睐更加传统的蓝筹股。

波顿生于1950年，在剑桥大学攻读商业与工程学。由于觉得这个学科枯燥无味，因此他起初对自己的职业去向举棋不定，打算做一般的管理工作。然而，在工业巨头宝洁公司为学生举办的一次高校开放日上，组织方告诉他，金融岗位的机遇和报酬会更好。家庭好友也建议他进入伦敦金融中心，认为他至少会学到有用的技能和收获人脉关系。

家庭好友还帮助波顿在凯塞·厄尔曼投资银行找到了工作。作为实习生，他起初做的是相对琐碎的事务，包括发消息和提交银行的国债标书（有一次标书因密封不正确被退了回来）。后来，他转而给各种基金经理当助手。

不过，20世纪70年代中期，这家银行的财务开始出现问题，最后在1975年倒闭。

此时波顿已经跳槽到了施莱辛格投资管理公司，这让他有机会参与数个基金的管理，获得更多直接的理财经验。鉴于他在凯塞·厄尔曼工作过，他以前的一个同事聘用了他，让他从1979年12月开始管理富达特殊情况基金。他管理这项基金长达28年，于2007年卸任。在短暂的退休期间，他撰写了《逆势投资：理财生涯的经验之谈》。2010年，他又回来运营富达中国特殊情况基金。2014 年，他再次退休，现担任其他投资经理的兼职顾问。

选股专家变身"无声刺客"

波顿说到，他购买股票时会考虑诸多因素，包括管理状况、公司动态、财务状况、收购的可能性、估价，乃至股价的表现。不过，他认为，只有当你的行为和市场相异时你才能战胜市场。因此，起初他是一位逆势价值投资家，寻找价格低廉、无人青睐、市盈率低、市场情绪过于悲观的股票。他尤其感兴趣的是小型公司、"出现起色的情况"以及运作方式大大改观但市场仍旧不予理睬的问题股票。他反而对那些人人看好的股票持高度怀疑态度。事实上，他说过，虽然他很乐于听取外部经纪人或分析师的意见，但如果他们当中有数人怂恿他购买同一只股票的话，他就会远离该股，因为他担心这样的极端乐观可能很快就会反向发展，致使股票抛售、股价暴跌。通常来说，他认为，如果某个公司已经有很多分析师调研了，那么就很难再发现该公司的新奇之处。

为确保公司值得投资，波顿会对公司的商业模式和前景进行大量自下而上的调研，包括定期与高级管理层，特别是首席执行官和财务主管进行交谈。事实上，他估计，自 1987 年以来的 20 年里，仅仅是在特殊情况基金，他就召开了约 5000 次的公司会议。波顿主张观察的公司越多越好，因为观察的公司越多就越有可能找到低价股。即使个人持股开始越来越多，他仍然主张把自己的大部分时间花在他所说的"进攻式研究"上，即寻找到新的时机。

当然，这不意味着他不关注自己投资的那些公司。事实上，尽管起初他一直专注选股，但由于基金公司规模越来越大，他不得不深入参与其基金控股的各公司治理和战略制定。这一点在小公司中尤为明显，因为富达往往是其中最大的或第二大的投资公司。有些时候，事实证明如果不推动股价反向波动就很难在短时间内抛售大量股票。因此，先从内部着手改变业绩平平的公司，这种做法往往更经济。

证明他激进主义最知名的例子，可能要属他把卡尔顿通信和格拉纳达两家独立电视公司并购为英国独立电视台公司。富达是这两家公司的主要股东,而波顿的支持对促进这场交易的达成产生了重要作用。不过在2003年,他强烈反对让卡尔顿通信公司的迈克尔·格林担任独立电视台公司首席执行官的提议,并领导了抗议行动。这次行动的胜利,让他赢得了"无声刺客"的绰号。

海内外辉煌三十载

对波顿而言,上述策略似乎非常奏效。如果你在1979年12月向富达特殊情况基金投资1000英镑,到28年后他退休时,这笔钱的价值将达到145万英镑。这相当于19.5%的年均回报率,而同期富时100指数的回报率为13.5%。不过,这种情况并不仅仅说明了"两三年时来运转而导致两者出现差距"。1980年到2005年底这26年中,有19年的时间里波顿的表现都比市场出色。虽然2006年该基金一分为二,但截止到2007年12月,波顿执掌的英国分部市值仍有30亿英镑。

虽然富达特殊情况基金几乎只瞄准英国,但波顿的出色业绩记录延伸到了其他市场。1985年12月到2002年底,他还担任"富达欧洲基金"的首席经理。该基金的投资策略与主基金相似，但覆盖了英国以外的欧洲地区。在波顿长达 17 年的任期中，该基金年均回报率为 19%，即 1000 英镑最后涨到了近 2 万英镑。由于同期欧洲市场普遍的年均回报率收益仅为 10%，因此波顿的欧洲基金战胜了指数，且超过了他管理的英国基金。

波顿的最佳投资

斯克里科（Securicor）是安东尼·波顿最成功的一笔投资。在 20 世纪 80 年代末和 90 年代早期和中期大部分时间里，这是他投资组合中最大的一笔投资。斯克里科公司的主要业务是提供安全保障，但波顿意识到，斯克里科的真正价值体现在它与移动网络先锋 Cellnet 公司的共同所有权。Cellnet 是一家由斯克里科和英国电信在 1985 年共同建立的公司。斯克里科在 Cellnet 所持有的剩余股份最终在 1999 年科技浪潮的巅峰时期被收购，收购价为 31.5 亿英镑。虽然波顿此前很早就抛售了所持的斯克里科股票，但 1989—1996 年间，斯克里科的价值暴涨。

除了对特定股票判断精准以外，波顿在选择投资领域上也有不少精明之举，例如在20世纪90年代末互联网泡沫最严重时期避开了科技领域。也就是说，2000年市场整体下跌6%，而他的基金却盈利25%，领先市场幅度高达31%。当然，许多科技股在2000年至2002年遭遇暴跌后，股价变得十分低廉。作为一位始终如一的逆势投资家，波顿以低廉的价格买进科技股，因而富达特别情况基金在2003年、2004年和2005年都表现得非常出色。

折戟中国

然而，波顿确实有过一次重大失误。2009年，他决定重拾基金管理，在2010年4月创办了投资信托基金——富达中国特别情况基金。他的想法是将价值驱动的逆势投资法用于中国市场，以期强劲的增长和消费者经济的崛起能够带动小型企业的发展。鉴于波顿先前的业绩记录，投资者争先恐后地投资。虽然这个基金向投资者收取1.5%的管理费，还额外收取投资回报费，但在初始阶段仍然募集到了4.6亿英镑。

最初该投资信托基金表现出色,几个月的时间里股价就高涨20%。但不幸的是,对波顿来说,好景不长。从2010年秋季开始,该基金投资组合的价值持续暴跌,长达一年之久。结果,当初愿意支付额外费用的投资者惊慌失措。信托基金的股价持续暴跌,一共下跌了40%。波顿声称,他投资的那几家公司的管理层误导了他,并把原因归咎于市场的整体下滑(市场也有下跌,但跌幅较小)。尽管他做出了各种解释,但他还是遭到了大量的媒体批评,特别是因为该基金为了提高收益进行借贷(导致损失加大)。最终在2014年3月底,成立该基金不到四周年之际,他宣布退休。其实,虽然基金的总回报率只有6.3%,但同期整体市场下跌了5.7%。事实上,该投资组合的价值增长了18.6%(由于投资信托基金是在股市交易,所以其股票的价格和股票的价值通常有细微的差别)。

价值投资的重要性

波顿的职业生涯表明,小盘股投资和价值投资这两种策略可以强大有力,尤其是如果你有能力发现有公司即将东山再起,进而从公司收益的增加和股民情绪的转变中赚取利润。然而,需要注意的是,波顿并不是盲目地买进以较低市盈率进行交易的公司的股票。相反,他会做大量调研,从而能够辨别他所考虑的公司是否真的是廉价公司,而不是因为自身存在严重的问题而变成低价。

当然,对于普通投资者来说,因为见不到管理层,所以做此类调研难上加难,而且调查各大公司的时间也非常有限。然而,如今监管发生变革,加上科技日新月异,大多数上市公司把海量信息发布到网上,通常包括年度报告以及向投资者发表的演讲。互联网上还有大量的股票筛选器,可以帮你把精力放在价格便宜又可能是廉价股的股票上。另外一种助你充分利用时间的方法是避开被过分夸大或被媒体过度关注的行业。

不过,波顿在中国的经历颇有警示性,证明新兴市场并非可高枕无忧。事实上,一些国家的会计准则和企业治理状况很差,即便是专业人士也要费心费力,识别欺诈行为。因此,除非你真正胸有成竹,或者做好准备去应对大量的不确定因素,否则你真正应该考虑避免直接投资一些较为陌生的国家。挑选个股的另一个方法是寻找特定国家（或地区）的 ETF 基金，从而可以投资一大篮子股票。

安东尼·波顿的投资生涯

表现 ★★★★★

1979—2007年,波顿的基金以年均6%以上的回报率战胜了市场。尽管短暂的中国征途逊色一筹,但他依然战胜了市场。

长期性 ★★★★★

波顿从事基金管理已有四十多年。

影响力 ★★

波顿担任基金经理的最后几年里知名度很高。然而,总的来说,他对投资行业的影响力并不是非常大。

模仿的难易程度 ★★

波顿的价值战略较容易效仿,但需要做大量的调研。除了个别情况以外,普通投资者不可能利用自己持有的股份对一家公司施加影响。

总体评分:14★(满分20★)

第八堂课　耐心资本

尼尔·伍德福德

从梦想成为飞行员到金融家：永远着眼长远的价值

随着安东尼·波顿宣布退休，不再直接参与理财，尼尔·伍德福德接替他成为英国最知名的基金经理。他同波顿一样，业绩持久、收益颇丰，而且投资理念也与波顿相似，都是买入价值被低估的股票，并坚定持有直至股价上涨。他声名如此显赫，以至于在2014年他决定离开景顺的消息登上了头条新闻。投资者放弃景顺基金，排起长龙，转而投资他创立（并出任总裁）的伍德福德投资管理公司。

自此之后，伍德福德一直活跃在大众视线内，推出了另外几只基金。近来他的高调举措就包括他决定废除公司奖金，主张统一工资。他认为金融部门没有做出足够的努力来推动科学发现转化为实际利润，因此他大力提倡"耐心资本"的概念。"耐心资本"本质上就是风险资本投资，只是大多数风险投资公司期望在3~5年内就获得收益，但"耐心资本"的时间跨度更长。伍德福德对投资界的最大贡献是他担任基金经理的业绩。

从梦想成为飞行员到金融区风云人物

伍德福德出生于1960年，曾在埃克塞特大学就读经济学和农业经济学专业。他最初的梦想是加入英国皇家空军。但是由于他反应能力不够出色，因而没有被战斗机飞行员训练项目录取（虽然他的反应能力足以胜任略微次要的领航员岗位）。英国航空也拒绝了他。因此，伍德福德决定充分利用他的经济学学位，在伦敦金融区找一份工作。不料1981年经济衰退、工作难寻，因此他的职业生涯起步于一家商品交易公司，他所在的行政岗位以前都是16岁就离开学校的学生来做的。

他在Dominion保险公司很快就步入正轨，成了其中一名基金经理的助理。这让他第一次尝到了理财的滋味。在随后的8年时间里，伍德福德在利德保险公司、TSB银行和鹰星保险等各金融公司的地位越来越高，爬上了公司内晋升的阶梯。与此同时，他还进入伦敦商学院攻读金融学硕士学位，以补充他的实战经验。

他开始意识到，养老金保险公司的大部分投资决策都由委员会决定。也就是说，无论身居何等要职，他的自主权都极为有限，难以做出大幅战胜市场所必需的逆势投资决策。因此，1988年初他决定到Perpetual公司（现在的景顺基金）任职，当时的Perpetual还是一个名不见经传的基金管理公司。当时正值1987年股灾爆发，短短几日之内全球股市崩盘，因此他的朋友和同事都觉得他的举动古里古怪。

但他很快就在新环境中崭露头角，在Perpetual一直待到2014年。这26年间，他负责管理多只基金，从景顺高收益基金（1988年2月到2014年3月）到景顺收益基金（1990年至2014年）、爱丁堡投资信托（2008年至2014年）以及SJP战略管理基金（2010年至2014年）。虽然业绩出色，但他对伦敦金融区的"短期"态度感到失望,同时想要更自由地追求自己的兴趣。他放弃了退休的念头,决定离开景顺基金,独自打拼。

目前伍德福德投资管理公司经营三只基金,由伍德福德全权管理。CF伍德福德股权收益基金是主要基金,其投资目标和风格与景顺高收益基金十分相似。CF伍德福德收益焦点基金更看重定期分红。第三只是上市投资信托基金,叫耐心资本信托,旨在投资非上市(以及某些上市)小盘股科技公司,尤其是从大学衍生出来的公司,以期持有这些基金比私募股权和风险基金更长的时间更长。

着眼长远的价值投资

伍德福德基本上是个价值投资家,除了耐心资本信托是个例外。他买入被低估的公司股票,规避价格过高的公司股票。他还慎重遴选市场时机或想方设法预测经济走势。他不会因预料将来会出现购买时机而在投资组合中保留大量的现金,而是几乎全数投资股票;他认为,从中期来看,以价值导向为本的优秀投资家应该能够克服任何暂时的市场回落。

伍德福德的价值投资类型更接近于沃伦·巴菲特而非本杰明·格雷厄姆，因为他说过巴菲特对他影响很大。他不会买最低价的股票，以期股价上涨后立即抛售，然后又急于回头翻找廉价股。相反，他喜欢关注那些他预计至少在3~5年里都能表现出色的优质公司。他坚信"通过做到目光长远……基金经理可以实现真正的增值"，并且赞同巴菲特所说的"如果让你持有一只股票十年都不乐意，那你可能连持有十分钟都不要考虑"。

当然，这种长线做法并没妨碍他卖出价格已经过高或出现严重结构性问题的股票。然而，平均而言，他比竞争对手持股的时间要更长，投资组合周转率更低。他估算了一下，"在职业生涯中，平均投资控股时长为五至七年，但在特定时期控股时间更长"。

强调投资组合的集中度是伍德福德策略的另一关键因素。他离开景顺基金时，股权高收益基金排名前十的股票占投资组合的比例略超50%。同样，尽管CF伍德福德股权收益基金目前在100多家公司持股，但排名前十的股票依然占投资组合的50%以上。

他和波顿都是活跃的投资家，最引人注目的是他利用他在工程和防务公司英国宇航系统的持股，阻止了该公司与欧洲航空航天公司空客集团合并的提议。他表示："如果我要投资者信任我，把钱给我管理，那我就不会只当不在地主③，也不会把钱投出去，然后翘首一切顺利。"当然，他承认"企业不可能完全公开透明"，然而，"你仍然可以参与其中，尽可能查明企业是否真的言行一致"。

业绩强劲

1988年伍德福德加入景顺时，如果向他的主基金景顺高收入基金投资1万英镑，那么到2014年就能获得25.349万英镑，年均回报率为13.2%，远高于同期富时全股9.3%的回报率。值得注意的是，伍德福德并没有安于现状。任期的最后十年里，该基金以5%左右的年均回报率战胜了市场，在英国51只同类

---

③ 不在地主是指不居住在产权所在地、很少或从不到访出租房产的地主，在本文中是指那些拿了大众投资的钱却几乎不关心投资情况好坏的经理人。

收益基金中名列前茅。这些收益和资本不断涌入账户，因此在 2013 年 10 月他宣布卸任时，该基金资产接近 330 亿英镑。

运营的两年半时间里，伍德福德股权收益基金经历了几次起起落落。一开始基金价格蹿升，但 2016 年业绩不佳，一年的时间里只出现小幅增长，而当时的富时指数飙升了 16.8%。不过，总体而言，该基金依旧战胜了市场，从 2014 年 6 月运作算起（截至 2017 年 1 月 31 日），累计回报率达到 25.6%，而富时指数则为 16.2%。因此，管理的资产额增加到 93 亿英镑。

进军烟草界

20 世纪 90 年代末期，尼尔·伍德福德做了两大投资决定，奠定了他的地位。首先，他远离科技股，理由是他认为科技股价格过高。当时，他未能赶上科技股大潮看似是个重大失误，因为科技股飙升，导致他连续几年落后股市。虽然他的雇主还继续追随他，但他坦言，假如科技股晚 6 个月才暴跌，就连雇主也得弃他而去。当然，科技股发生崩盘时，由于避开了科技股，他再次领先对手。

同时，伍德福德重金投资烟草公司。这似乎是一项终极逆势操作，因为这些公司被迫要解决一系列政府诉讼，不得不向政府支付数十亿美元的医疗费用。与此同时，人们普遍认为烟草在发达国家销量下降，意味着烟草公司前途暗淡。相比之下，伍德福德发现，令人啼笑皆非的是，诉讼的解决证明了政府与烟草公司的继续生存利害攸关。

另外，他还发现，新兴市场的持续经济增长将带动其国内烟草的消费蹿升，从而促进全球烟草销量的不断增长。事实证明他的投资非常明智，因为英美烟草（其基金持有的核心股之一）的价格从2000年到他离开景顺时，从250便士升至31英镑以上，增加了20倍。

错失银行良机

尽管伍德福德成功避开了科技股泡沫，但他在银行业的经历却喜忧参半。2005年，银行业绩非常出色，房地产市场暴涨推动了贷款激增。然而，伍德福德认为银行承债过多，经济滑坡时将暴露无遗。因此，他抛售了持有的银行股，转向防御型公司，如公用事业公司。房地产市场确实大跌，导致经济衰退并引发全球金融危机，似乎证明了他的这种悲观式做法是正确的。

伍德福德与金融股接触较少，因此缓和了他的投资者在金融危机期间受到的冲击。问题是，之后5年里他对银行业继续持悲观态度，坚信造成崩盘的问题还没有得到合理的解决。这意味着，当英美一连串的救市和印钞措施推动银行股强劲复苏时，他的基金没能从中获益。加上他采取防御性姿态，导致他的基金自2008年年末起的5年里都落后于市场。

价值投资的优势与劣势

一方面，尼尔·伍德福德的职业生涯表明，逆势价值策略如果运用得当的话可以带来丰厚回报，但另一方面也表明了这种策略的一些缺点，对那些必须一直战胜指数的基金经理来说尤为如此。2000年市场走向发生变化，虽然他成功地熬过这一困难，从而得以利用了这一时机，但其他人却没那么幸运，例如Phillips & Drew公司的托尼·戴伊虽然把大笔基金转为现金，而非只是避开科技股，但几乎在泡沫开始破裂的当天就被辞退。

伍德福德投资烟草股的决定引发人们思考应该在多大程度上让道德上的关切决定投资选择。伍德福德为自己的投资辩护，因为从道德角度来看，许多其他行业（如军火制造商）也一样问题多多，但却不会引起一样的反对意见。他还辩称："人们给我钱，是让我对投资组合实施投资评判而非道德评判，让我单纯地投资我个人认为最有利于客户的投资机会。"事实上，他认为"从结构上看，烟草行业的价值依然被低估，因此这是一项很有吸引力的投资"。

对于关心社会的投资者来说，好消息是学术界似乎一致认为传统的道德投资对回报没有严重的负面影响。例如，罗布·鲍尔（Rob Bauer）2002年的一项研究将德英美三国1994年至2004年间的103个伦理基金与4384个一般基金进行业绩比较，发现回报率有高有低，但差异基本上微不足道。与此同时，主要的社会责任指数与更为主流的指数相比，表现大致相同。

实际上，科隆大学的亚历山大·肯普夫（Alexander Kempf）和皮尔·奥斯特霍夫（Peer Osthoff）的一项研究发现，积极选出行为特别注重道德的公司，而非只是排除某些投资领域，这种做法实际上会提高回报。他们发现，以社会责任行为来给美国公司排名，然后购买注重道德的公司的股票、抛售道德极差的公司的股票，这种策略在1992至2004年间产生了近9%的额外回报。

尼尔·伍德福德的投资生涯

表现 ★★★★★

离开景顺的十年时间内，伍德福德的高回报基金累计获得了 292.5% 的收益，年化收益率为 14.7%；回报基金累计获得了 301.7% 的收益，年化收益率 14.9%，位居全英国同行之首。

长期性 ★★★★★

伍德福德理财近三十载。

影响力 ★★

伍德福德凭借自身的投资技巧已经得到认可。然而，他和安东尼·波顿一样，对投资领域贡献有限。

模仿的难易程度 ★★★

伍德福德的集中化价值战略相对容易让投资者模仿，但他最近改用的耐心资本策略就没那么容易模仿了。

总体评分：15 ★（满分 20 ★）

第九堂课　成长型投资

菲利普·费雪

谁都不可能预测未来：寻找快速成长的项目

正如我们所讨论的，价值投资者认为，确定未来很难，所以你应该尽量购买那些和其收益、股息和净资产相比，似乎要便宜些的股票。相比之下，成长投资者则认为，要确定公司的真实价值是不可能的，如果你选择了收益能不断成长的优质公司，你就不需要操心股票的价格了。

这一争论仍未停止。虽然有证据表明，价值投资从长期看可能有优势，但有些时候成长投资表现更优。事实上，过去十年在美国和全球其他地区，成长投资都更出色。例如，先锋成长股指数以每年近3%的回报率战胜了价值股指数。同样，在过去的十年里，MSCI世界成长指数以每年2%左右的回报率战胜了MSCI世界价值指数。如果说本杰明·格雷厄姆被视为价值投资背后的智囊，那么菲利普·费雪则是说服大众关注成长投资的先驱之一。

职业间断，挫中得福

1907年，费雪出生于旧金山。获得斯坦福大学经济学学位后，他又在该校新成立的商学院攻读工商管理硕士。因迫切想从当时如火如荼的股市中获利，一年后他就弃学了。出乎意料的是，由于他后来在股市旗开得胜，1960年至1962年间，他被邀请回校为MBA学生教授投资课程。在当地银行的分析部和证券交易所分别短暂工作一小段时间后，1931年他决定成立自己的投资公司——菲利普·费雪公司，并且小获成功。

第二次世界大战期间，费雪在美国陆军航空兵团（即后来的美国空军）做文书工作。这意味着他不得不暂时中止他的职业生涯，但后来他称这段经历是"挫中得福"。因为空余时间充裕，费雪可以好好梳理业绩，看看有什么改进的余地。他发现自己的大部分利润来自买进和持股，而不是低买高抛。

战后，他重返投资咨询行业，1999年退休（2004年去世）。由于工作在一家只为少数重要客户服务的私募基金公司，费雪没有发布自己的业绩数据。但是，人们公认他是一位非常成功的投资家，在巅峰时期掌管约5亿美元。确立他对投资界产生巨大影响的是他的系列著作，其中最著名的是1958年的畅销书《怎样选择成长股》，其他投资书籍同样非常畅销，还被沃伦·巴菲特等其他投资传奇人物拿来引述，如《股市投资致富之道》（1960）以及《保守型投资者夜夜安寝》（1975）。

寻找快速成长的公司

费雪认为，"有的人凭借好运气或好的判断力，能找到年度销售额和利润远超整个行业的稀有公司，最丰厚的投资回报是属于这些人的。"他实际上是说那些经营良好、增长潜力巨大的公司。如果某只股票符合此标准，无论价格如何波动，都值得坚定持有。你应该愿意忍受股价横盘或下跌的时期（事实上，费雪至少等上三年才会抛售公司股票）。反过来说，他认为你不应该仅因为价格上涨而忍不住诱惑去兑现。

虽然费雪喜欢股息不断成长的公司，但他更希望这些公司维持低收益率，然后将利润进行再投资。在他看来，这可以使公司保持高增长。他还认为，投资者应该少去关注年度报告中的定量数据，多关注他所说的"八卦"。"八卦"是指有关公司管理、业务和产品质量的定性信息，不是"靠谱消息"或内幕消息（当然以此获利是非法的）。

事实上，他提出了投资者应寻找的15点重要事项清单，分为3类：战略、运营和管理。首先，公司需要制定战略，从而保持长期增长，并在现有市场成熟时进入新市场。公司还需要有丰厚的利润，制订有保护利润免受竞争和通货膨胀影响的计划。具有领先对手的竞争优势（如规模经济或专利）也是非常有用的。这是长期获利的途径。

在运营方面，费雪认为，公司发展的两大关键部门是研发部及销售部。因为研发人员可以开发能够使公司不断成长的产品。然而，几乎没有什么产品会厉害到不需要推广，这就意味着公司需要极为出色的销售团队。良好的劳资关系也至关重要，能够保持员工生产力、保证对公司的忠诚度、避免发生影响运营的罢工。强大的成本控制和资产负债能力，包括必要时能够额外融资的能力，也会确保公司金融健康。

最后，费雪建议投资者关注公司管理层的素质，包括各高管之间的良好关系，以及可以让高管下放权力的强大团队。他还认为管理层必须诚实行事，如果他们试图通过背着投资者来处置坏消息，那可能会非常危险。这种行为至少表明管理层没有做好失败的准备，这本身就令人忧心忡忡，但也可能表明他们根本不关心股东。

得州仪器和摩托罗拉

半导体公司得州仪器是费雪最成功的投资之一。1955年他第一次购买该公司股票。一年后，也就是1956年，公司的管理层（也是公司的大股东）卖掉大量股票（但他两年前就了解到这点），费雪随后买进了更多股票。他认为该行业增长潜力巨大，能让得州仪器的利润持续增长。另一方面,公司的管理方式也是他喜欢的,尤其是公司大力推进研发,并制订计划壮大销售部。此外,公司与政府和军队的电子业务密切,这点也吸引了费雪。

当时,许多经纪人建议客户抛售该公司股票,理由是股价过高,市盈率约为20倍。经纪人还担心由于公司高管正在抛售股票,更大的公司可能会进入市场。费雪则认为有点担心过度了。他注意到,高管们出售股票是出于合理的理由(他们的净资产大多投资于该公司,他们一方面想要投资多样化,另一方面为子女继承财产做准备)。他还认为,由于是成本最低的生产商,这个地位有助于得州仪器应对所有竞争。

费雪不仅买进更多股票,还在《怎样选择成长股》的各版本以及他后来的著作中预测该公司是人们应该入股的成长型公司。该公司还成了他给客户管理的投资组合中的重要部分。然而,他在一次采访中遗憾地说到,他的一位大客户在股价开始飙升后坚持要出售持有的得州仪器股,期望能够以更低价格重新买入。然而,虽然几年后股价最终确实回落了,但都没跌回当初抛售时的价格。

费雪的持股建议最终被证明是对的。事实上，股价上涨如此之高，以至于股票被多次分割（分割是指一股拆成两股新股，从而使一股的价格便宜些）。费雪退休一年后，股价在2000年达到峰值，比1956年增长了1500多倍。也就是说，即使不算入任何再投资的股息，1956年投资的股民年均回报率都达18%。

如果得州仪器证明了费雪战略的优势，摩托罗拉则凸显了战略的劣势。费雪于1955年开始买入摩托罗拉股，坚定大量持股，一直到2004年底他去世为止。尽管他起初从另一位投资家那里得知了该公司，但他是在参观了公司工厂、对管理层留下好印象后才决定投资的。最初，经事实证明，这笔投资非常成功，20年里市盈率增长20倍，而同时期市场市盈率是7倍。然而，从20世纪80年代开始，股票则略落后于市场（但假如在2000年的科技股泡沫最严重时期前抛售，业绩就会好很多）。

随机应变的公司

连续多年持有一项股票投资组合，不必改变很多，只管看价格飙升，这种想法令许多没时间的投资者心驰神往。费雪的职业生涯表明，找到这样一组股票是有可能的。

然而，比起只挑选涨幅最大，或者在过去一年销售增长强劲的组合而言（实际上得州仪器先前收益一直很平淡），建立起这样一个组合更复杂，也更耗时。相比之下，这种做法需要进行目光长远、漫长而缜密的分析。因此，"费雪式成长投资"只适合那些愿意初期耗时以便后期省力的投资者。

同样值得注意的是，费雪幸运地在科技股泡沫达到顶峰前结束了职业生涯。事实上，假如某个投资者在1999年购买了摩托罗拉或得州仪器的股票，那么30年后，他们仍会面临亏损。这表明，即便是最出色的股票也可能价格过高。同样，有时候，最具创新力的公司也可能失去优势，结果尾大不掉，或者被新技术淘汰。

因为连续几十年都保持出色的公司凤毛麟角，费雪主张投资者限定投资组合中持有的个股数量。虽然他赞同多样化有一定的好处，但他认为，持股越多，好处少得越快。他还认为，把股票放在多个篮子的劣势之一是"很多鸡蛋最终没放到真正有吸引力的篮子里"。也就是说，投资者把钱投资到自己了解甚少的公司。

费雪认为，如果你入股的公司不属于同一行业，业务多样（如果其中某项业务某年度不景气的话，公司仍然可以赚钱），你可以投资5家不同的大公司（每项投资限制为投资组合的1/5）。如果是处于成长初期、波动更大的小型公司，你可以投资10家。但他认为，一次持有超过25家公司的股票，不仅毫无意义，还会适得其反。

这种观点似乎相当极端。事实上，很少有人会认为5只是可以接受的股票数量。然而，证据表明分散投资的好处消失得非常快。埃德温·埃尔顿（Edwin Elton）和马丁·格鲁伯（Martin Gruber）1977年的一项著名研究发现，美国股票的平均标准差为49.3%。这意味着近三分之一的时间里，股票价值会上下波动一半以上。投资组合增加到10种股票的话能把平均标准差减少至25%~50%。然而，20种股票的投资组合标准偏差仍有21.2%，而持有1000股的话，风险仅仅会从21.7%降低到19.2%。

菲利普·费雪的投资生涯

表现 ★★★★

菲利普·费雪未运营过任何公共基金,所以没有他的业绩记录。然而,人们普遍认为是他让客户大赚了一笔。

长期性 ★★★★★

费雪投身股市长达数十载。

影响力 ★★★★★

菲利普·费雪被誉为是成长投资的创始人,甚至像沃伦·巴菲特这样的价值投资者都表示费雪对他们影响巨大。

模仿的难易程度 ★★★

菲利普·费雪认为投资者应寻找能够持续几十年带来高于平均收益的公司,但这需要进行一些调研。不过他的观点是说,投资组合一旦创建,就几乎不需要维护了。

总体评分:17★(满分20★)

第十堂课　先有收益后谈价值

托马斯·罗·普莱斯

永远务实：投资知名公司，坚定持有

菲利普·费雪代表的是最纯粹的（或最极端的）成长投资形式：只管购买知名公司的股份，无论价格如何，然后持续持股。但是，正如前一堂课所讨论的那样，这种方法存在几个问题。最大的问题是几乎没有哪家公司能够在很长一段时间内持续增长。事实上，伊利诺伊大学的路易斯·陈在 2003 年开展的一项研究发现，在 1951 年至 2008 年间，只有 6.3% 的美国上市公司能够连续 5 年维持中值以上的销售额增长。连续 10 年的更是不到 1%。

即使公司一直表现出色，但公司股价可能真的会过高。投资者经历过 20 世纪和 21 世纪之交的科技泡沫高峰期才了解到这点。

因此，大多数现代成长投资者倾向于效仿遵循托马斯·罗·普莱斯。尽管和费雪生活在同一个时代，但普莱斯代表着更加务实的成长投资学派——该学派的视角更具现实性，不完全忽视股票选择过程中股息或估值的作用。他的成长投资品牌也非常强调出售股票的恰当时机。

从化学到理财

托马斯·罗·普莱斯于 1898 年出生在马里兰州巴尔的摩市，父亲是当地的一名医生。普莱斯毕业于斯沃斯莫尔学院化学专业。然而，在杜邦公司做了几年化学工程师之后，他换了份工作，在 Mackubin, Goodrich and Company（现在的雷格梅森）担任股票经纪人。虽然他很喜欢投资，但他觉得公司的经纪业务模式，即他做成多少笔交易就拿多少佣金的模式，意味着他的利益与客户的利益并不完全一致。

1937 年，他决定和同为经理的查尔斯·谢弗与沃尔特·基德创办自己的财富顾问公司 Price Associates（现在的普信集团）。

也就是说，他现在能够得到他所管理资产的部分提成，从而让他提供更客观的建议。Price Associates 喜欢在其网站上引用他最喜欢的一句名言是："如果我们为客户办好事，客户就会给我们关怀。"他还为《巴伦周刊》杂志写过一系列投资类文章，这些文章于 1939 年以小册子形式出版，书名为《挑选成长股》。

虽然 Price Associates 仅靠服务顾客就实现了成功，但罗·普莱斯在 1950 年决定成立普信成长股票基金。作为首批共同基金，最初是作为帮助现有客户为子女设立投资基金的一种方式。他决定不对新资金征收首次销售费用（称为"佣金"），所以他的基金大受追捧，特别是在 20 世纪 60 年代，当时成长股风靡一时。1960 年，Price Associates 发起了新地平线基金，主要关注规模较小、风险较高的成长型公司。

然而，随着市场走高，普莱斯越来越担心成长股会估值过高，特别是当时通胀率上升。因此，他开始公开发布警告，最后出版了一本名为《投资者的新时代》的小册子。该书认为，投资者应该转向黄金和房地产等传统的通胀对冲，以及自然资源型股票。虽然公司最终听从了他的建议，于 1969 年成立了新时代基金，投资黄金和能源股，但普莱斯因对股市市场行为过度而失去信心，他在1966年退休，并在4年后卖出他在自家公司所持有的全部股票。

从1970年到1983年（他去世的那一年），普莱斯通过管理朋友和家人的投资组合与市场保持联系。其间他偶尔还在媒体上发表与市场状况有关的言论。

成长投资——但并非不惜任何代价

普莱斯的选股方法与另一位成长投资传奇人物菲利普·费雪有很多相似之处。他们都认为，在股市赚钱的最佳做法就是入股至少能够在短中期内增加收益的公司。普莱斯还青睐那些具备技术优势、竞争少、无监管、劳动力成本低的公司。同样，他认为管理不善和市场饱和可能会对公司的持续增长构成重大威胁，并应提醒投资者考虑清仓。然而，费雪非常关注自下而上的策略，把每家公司都视为独立个体，而普莱斯则认为应该关注这些公司所处的行业。因此，他主要是寻找经济快速增长的行业。他认为这有可能是全新的行业，也可能是凭借创新或在其他方面发展而重生的行业，但他认为专业型公司如果开拓新领域，也是值得考虑的。因此，他通常是购买同一行业多家公司的股票。

普莱斯对长远预测也持怀疑态度，认为在遥远的将来会发生什么是不可预测的，所以他希望他的投资组合中的公司在最近的一段时间能保持强劲的收入增长。他认为，受到经济周期的影响，同比增长率可能会有所不同。但是，他坚持认为公司的收益必须呈现出增长的趋势。他在《挑选成长股》中引用的一条经验法则是，过去5年的平均收益应该比此前5年的平均收益高出50%。

另一个他密切关注的指标是资本回报率。他认为，资本回报率高则表明公司在市场占据支配地位，或者至少表明公司正有效利用其资本。但是，如果资本回报率开始下降，则表明该公司正面临越来越大的竞争压力，因为理论上来说，竞争会降低资本回报率；也可能表明，该公司在做入不敷出的无效投资，人为地推动增长。

普莱斯还认为，"对于购买普通股的投资者来说，主要目标之一就是获得收入"，而成长股也避不开这点。因此，他理想的公司就是定期增加股息或者在未来有相当多的机会做到这一点的公司。他认为，对于一些公司来说，特别是快速成长的公司，支付股息可能更是问题，而刚刚上市的公司则根本无法派发股息。不过，他觉得至少公司必须制订计划，在不久的将来支付某种类型的股息，否则这样的公司不值得投资。

也许普莱斯与费雪最大的分歧在于，普莱斯认为估值应该在投资决策中发挥作用。与费雪不计任何代价的成长策略相反，普莱斯则认为，即使是最好的公司，一旦上升到一定水平，就很难达到预期目标。虽然对于如何估算股票价值，他没有硬性准则，但他认为收益率很低（即市盈率很高）的公司很少具有较高价值，当利率较高时更是如此。

出色的业绩

作为普信集团的主要基金，成长股票基金在头 20 年表现良好。事实上，从 1950 年到 1972 年底（在普莱斯与该基金切断所有联系两年后），向该基金投资的话，1 万美元能成长到 22.837

万美元，平均回报率为 14.5%。虽然市场同期也强劲增长，但向市场投资同样的金额，只能成长到 17.92 万美元（平均回报率为 13.4%）。普莱斯的出色业绩意味着到 1966 年普莱斯退出基金管理时，他的公司控制了大约 15 亿美元的资产（相当于 2015 年的 115 亿美元）。

在管理特定客户的私人账户时，他更胜一筹。事实上，从 1934 年到 1972 年底，他所管理的一个家族账户，股票组合平均增长率（不含税）为 16%。这显然比市场整体好得多，因为同期市场年均回报率仅为 11.4%。虽然普莱斯在 1972 年以后没有提供反映他业绩的任何数据，但他在决定放弃成长股而选择黄金和能源公司后赚了大钱。随后经历过 1974 年的股市崩盘后，他再次选择了成长型公司。

大获成功的股票

普莱斯阐释成长投资收益时，会用到的一个例子是他在 20 世纪 30 年代中期针对航空业的投资。在 1934 年初，他认为航空

时机
THE BEST OPPORTUNITY

是一个快速发展的部门，由于民间需求增加、全球为第二次世界大战进行军备准备，航空部门能够从中获取收益。因此，他为当时管理的账户购买了5家航空公司的股份，分别是柯蒂斯－莱特公司、道格拉斯飞机公司、北美航空、史派里公司以及联合航机运输公司。

他选择这几家公司是因为他认为它们是这个领域的领头羊。尤其令他印象深刻的是公司资产负债表稳健（他认为由此它们可以应对所有问题）、专利价值高（这让它们具备超越竞争对手的优势）以及经验丰富。5年后，（由于联合航机运输公司拆分为独立公司，数据进行了调整），五大巨头的股价平均上涨332%（如果根据普莱斯在各公司购买的股票数量来衡量，则涨幅为325%）。相比之下，道琼斯指数的价值同期仅上涨了53%，而在发展成熟的铁路部门，股票出现下跌。

IBM公司是另一只经事实证明为普莱斯带来丰厚回报的股票，也是1950年普信成长股票基金成立后投资的首批公司之一。他在投资组合中坚定持有IBM股票，一直到他退休。因此，20世纪五六十年代IBM在飞速发展的电脑主机市场处于支配地位时，该基金从中获得了收益。然而，在他退休之后，成长股票基金可以说已经过度依赖 IBM 公司，在 20 世纪 80 年代遭遇瓶颈时仍坚定持有公司的股票。

给投资者的其他启示

普莱斯除了为购买哪家公司的股票提供建议之外，在怎样买入和卖出股票这个问题上，他也有很多建议。他并不会一下子大量购买一家公司的股票，而是分阶段进行购买，只有在股价过高或者有什么变故让他确信这只股票不再值得买入时，他才会停止购买该股票。这让他能够在投入所有本钱之前监控公司的业绩，也降低了短期价格波动带来的影响。普莱斯也会以类似的方式终止头寸的购买。如果一家公司的股价涨幅比他愿意支付的最高价格高 30%，他就会抛售所持有的大部分股份。至于剩余的股份也会逐步清仓，若股票价值增加 10% 就会卖出。这样一来，股票只要再升值，他就能从中获利。但要是他立刻抛售，那就没有这样的好事发生了。同时这也让他抵抗诱惑，不会在公司价值过高时依旧继续持股。

总的来说，普莱斯给投资者的启示就是，在一致性和灵活性之间取得平衡是非常重要的。突然终止和转变策略显然不会带来成功（尤其是因为这样做会导致交易成本大大提高），但是，即便是最好的策略也必须考虑到环境的变化，例如（在普莱斯的例子里）20世纪60年代末的天价估值。专业投资者可能会受限于自己过去的声誉、客户和雇主的要求，然而管理自家账户的投资人士则限制少得多。

托马斯·罗·普莱斯的投资生涯

表现 ★★★★

  普莱斯的公共基金仅以微弱之差战胜了市场,但这足以让普信集团成长为大型企业。不过,他私人客户的账户业绩更加出色。

长期性 ★★★★★

  普莱斯涉足市场已有40多年。

影响力 ★★★★

  在把成长投资发展成为一项重大战略方面,普莱斯和菲利普·费雪发挥了重要作用。

模仿的难易程度 ★★★

  跟费雪的成长投资方法相比,普莱斯的方法更加务实,但需要耗费更多的精力,因为涉及更频繁的买入和卖出。想要效仿普莱斯的投资者必须考虑到整个行业的状况以及公司的价值如何。

总体评分:16★(满分20★)

第十一堂课　最简单的投资最有效

彼得·林奇

投资者不能只看热门行业，而应该注重公司的质量

在为成长投资奠定早期基本原则方面，菲利普·费雪和托马斯·罗·普莱斯做了很多工作。彼得·林奇则为成长投资带来了新的转变。作为基金经理的他，在13年的时间里赚取了巨额回报，把较小的共同基金做到极大的规模。作为两本投资类畅销书的作者，他鼓励数百万人直接投资股市。他认为散户投资者可以击败专业人士，以及投资者应该"购买自己了解的股票"。事实上，人们认为，因为他的这种观点，在20世纪90年代，公众对投资的兴趣暴增。

当然，股价上扬时，成为华尔街的公众人物是极好的，但股

价下跌时可就没么好了。1999—2000年科技股泡沫时期，牛市先是到达巅峰然后崩盘，之后林奇饱受指责，尽管他早已退休。事实上，在最近的采访中，他一再声明，有人对他的观点进行了极端化的解读，以及断章取义。不管怎么说，他无疑是一位传奇的投资家，能够让普通投资者备受启发，即使他的投资风格实际上比看起来要复杂一些。

从高尔夫球场迈向基金管理

彼得·林奇出生于1944年，在波士顿附近长大。他在高尔夫俱乐部找到了做球童的工作，无意中听到客户大谈各种公司，因此对投资产生了兴趣。事实上，他在高尔夫球场听到了一则有关飞虎航空股票的内幕消息。后来事实证明，这只货运航空公司股票回报十分丰厚，也极大地帮助他垫付了在波士顿学院读大学和在沃顿商学院读研究生的费用（出乎意料的是，他本科学位的大部分费用已经通过高尔夫奖学金垫付了）。

林奇是富达共同基金公司总裁乔治·沙利文的球童，这也让林奇获得了极大的优势，1966年他获得了梦寐以求的在富达基金实习机会。林奇在沃顿商学院毕业后在美国军队服役一小段时间，于1969年被聘为分析师。尽管林奇最初靠碰运气，但他之后通过努力，级级晋升，在1974年成为富达基金的调研主管。到1979年，他受托负责管理较小的麦哲伦共同基金。

在接下来的13年里，林奇一直运作麦哲伦基金，直到1990年退休。同时，他还为柯达、福特和伊顿等几家大公司管理养老基金。从直接理财的岗位退下来之后，林奇成了人人敬仰的金融评论员，同时继续为富达投资献计献策。林奇还撰写一系列投资书籍，包括《彼得·林奇的成功投资》（1989年首次出版）、《战胜华尔街》（1993年首次出版）和《彼得·林奇教你理财》（1995年）。

自下而上投资

在《彼得·林奇的成功投资》一书中，彼得·林奇将股票市场分为六类：成熟而缓慢增长型、稳健蓝筹股型、与经济同步的周期型、快速增长型、困境反转型，以及隐蔽资产型。在这六个类别中，他会避开缓慢增长型公司，因为公司的潜力已经消耗殆尽。如果他觉得蓝筹股还可以增长更久，他就会少量买入。如果时机有足够吸引力的话，他就会买入偶尔出现的隐蔽资产股。然而，他的大部分投资组合都围绕两大策略：一是对他认为比市场预期更出色的行业进行"主题"投资；二是对个别公司下注。

在投资整个行业时，林奇倾向于入股各类相关的公司。虽然这意味着他的投资组合中经常包含大量个股，但由于都在类似行业，所以投资组合仍然是积极投资，而非像一只仅仅随整体市场波动的伪基金。把投注分散在类似公司，也让他可以投入越来越多的资金，又不会触犯相关规定，因为规定会限制可以投入每个独立公司的投资组合比例（以及在每个独立公司的控股比例）。

林奇投资组合的另一半，同时也是他最感兴趣的领域，是对他认为经营特别出色的公司进行自下而上的投资，无论公司处在什么行业。事实上，如果个别公司的基本面足够强劲的话，他乐意投资增长缓慢、停滞不前或甚至少数情况增长下滑的行业。他警告说，投资者只看"热门"行业而不看单个公司质量的话，有可能会大失所望，不仅会因期望不切实际而倍感烦恼，而且很容易被竞争对手赶超。

理想情况下，林奇希望在他自下而上的投资中，所投资的公司资产负债表合理，负债不高，市盈率与增长率相当。不过，他认为花费太多时间在公司财务或估值上可能会适得其反。首先，他认为，价格高但增长迅速的公司总会比价格较低但扩张速度更慢的公司做得更出色。同样，更重要的是，即便是最佳财务比率也很保守，虽然会告诉投资者过去发生的事，但对未来几乎没有任何说服力。

因此，林奇更侧重于评估公司的管理技能和公司销售产品的质量，按他的话来说叫"故事"。其中一个方法是像传统的基金经理那样，直接与管理层沟通，了解彼此公司以及彼此最害怕的竞争对手。然而，和大部分基金管理的竞争对手不同，林奇还喜欢开展实际调研。针对直接向公众出售的公司，他会去考察公司所在地，甚至亲自（或让他的家人朋友）试用产品。

跑赢多头

正当股市蓬勃发展之际,林奇很幸运地进行了操盘。1977年5月底,标准普尔500指数为96;13年后涨到361。但他的业绩更加突出。如果在1977年林奇接管麦哲伦基金时投资1000美元,到13年后他退休时收益达2.8万美元,年回报率接近30%。该基金管理的资产从1800万美元增加到120亿美元时,投资者争先恐后地拿钱给他投资,这其实不足为怪。

麦哲伦基金开始运作时回报率较高,因此随后几年投资者蜂拥而至时做得并不算特别好。然而,总体而言,该基金一直取得成功,13年里有11年都领先于股市。也许林奇受到的最大赞美是他离开麦哲伦基金时,引发了投资者的愤怒而非称赞——赚到大钱的投资者非常生气,他们希望他留下来,这样就能帮他们挣更多的钱。林奇没有公布他管理的养老基金的有关数据,但声称在同一时期内,回报甚至比他的共同基金还要丰厚(与此同时他也退出了退休金组)。

看好一家公司，然后入股挣大钱

克莱斯勒汽车公司和恒适服装公司这两个例子阐释了林奇投资方式的两大特点。20世纪80年代初期，美国经济陷入严重衰退，导致汽车销售暴跌。林奇认为，美国人最终会再次购买汽车，将推动整个行业发展。与福特汽车公司的高管交谈之后，他觉得人们认为即将破产的克莱斯勒最有可能从经济反弹中获益。

他走访克莱斯勒时，这个观点得到了证实。他对克莱斯勒正在研发的新车（尤其是新型小货车）的质量印象深刻。他还认为，他们的新任首席执行官李·艾科卡能够做到公司状况好转。仔细检查其资产负债表后，他发现这家汽车公司通过出售其军工部将会获得大笔现金，从而能够在中短期生存下去。因此，林奇大力购买克莱斯勒股票，持股达到规定允许的5%的最高限额，同时他还将资金投入福特和沃尔沃等其他汽车公司。

随着整个行业的回升，汽车业的投资运作良好，而他决定重点关注克莱斯勒时，他收获了更大的成功。事实上，股价从他开始大宗买入到1987年10月股灾前不久这段时间，从每股2美元飞涨到50美元左右的峰值。尽管林奇最终控股时间有些过长，但等他1988年终于抛售时，股价仍然在25美元左右——仅在6年内就获得了1150%的回报率。

如果说克莱斯勒阐明了产品调研如何对更为传统的分析进行补充，那么恒适就是一个说明后者如何补充前者的成功案例：起初，恒适在商店试推裤袜品牌L'eggs，在妻子积极评价该品牌后，林奇得知了这家公司。当然，在决定购买之前，他做了进一步的调研。调研表明，L'eggs在恒适销售额中占比很大，因此该品牌的成功会对盈亏总额产生重大影响。调研还表明，恒适是唯一一家在便利店销售裤袜品牌的大公司，因而顾客很容易买到L'eggs。

同样，当竞争对手推出与之匹敌的产品，可能会分割恒适的市场份额时，林奇会让妻子去测评竞争对手的产品。如果她表示新产品质量低劣，因此不可能取代L'eggs，林奇就会十分放心，继续持股，最终他回报颇丰。事实上，在恒适被莎莉公司收购时，恒适股价已经上涨了6倍。

成长投资简单化

普通投资者难以像彼得·林奇那样进入公司管理层、拥有他在富达那样的下属分析师团队或者像他那样精力充沛、每周工作七天。事实证明，即使林奇本人也无法一直维持自己工作狂的习惯，并把提前退休归咎于工作的要求苛刻。然而，林奇认为，普通投资者可以通过对某个行业的了解——要么是因为曾在该行业工作过，要么只是因为自己是一位敏锐的客户——来弥补这个不足。

事实上，他认为，在某些情况下，普通投资者实际上比华尔街专业人士更有优势，因为后者往往对这种了解不予理会。当然，林奇强调这样的信息只是诀窍之一。他在最近的一次采访中说："我从来没有说过，如果你去商场看到一家星巴克，觉得咖啡不错，你就应该电话告知富达经纪公司并购买这只股票。"他觉得，即使是消息最灵通的客户，也总是不如那些与消息本身关系密切的人了解得多。然而，如果加上大致理解财务比率，同时了解产品或品牌对于实际股票的重要性的话,投资者是有可能发现一些机会的。

彼得·林奇的投资生涯

表现 ★★★★★

在他担任投资组合经理期间,富达的麦哲伦基金从市场大幅获利。

长期性 ★★★

彼得·林奇在富达任职仅仅10年多,但在此之前他就开始了投资。

影响力 ★★★★

彼得·林奇传播了"购买你所了解的股票"的观点,并因为鼓励一代散户投资者投身股市而大受称赞(但也有不少指责)。

模仿的难易程度 ★★★

彼得·林奇的策略是与数百家公司的管理层会面。经证明,这样的策略对他来说不切实际(所以他很早就退休了),更不用说一般投资者了。然而,他认为应该利用自己对公司日常的体验来指导投资,这种方法对普通投资者来说非常有用,只要他们避免过于照字面理解他的观点。

总体评分:15★(满分20★)

第十二堂课　不要只顾眼前的收益

尼克·特雷恩

投资者应该要对自己投资的公司有充分的了解,并且要着眼长远

所有基金经理都喜欢称自己支持买入并长期持有股票的行为。但在现实中,真正这样做的人寥寥无几。事实上,他们似乎比以往更看重短期。LPL Financial 公司的数据显示,直到20世纪60年代,纽约证券交易所上市的股票平均持有时间尚长达8年。而如今仅为5天左右。当然,这个数字并不准确,因为存在日内交易者以及在极短时间内频繁买卖大量股票的交易商。然而,SCM 公司的米勒估算,英国的基金平均每年将90%的投资组合进行周转。

这样不仅会导致交易成本高涨,而且几乎没有证据证明这

可以提高回报率。讽刺的是，这种异常活跃的交易方法几乎难以掩饰一个事实，即大部分基金经理都是"伪基金经理"，他们把投资分散到许多耳熟能详的公司，但对独立公司却没有太大的热情。一位著名的投资家采取了截然不同的做法，交易时既被动又相当活跃，他就是成长投资家尼克·特雷恩。

从新手到能手

尼克·特雷恩 1981 年毕业于牛津大学，获得现代历史学位。他起初认真地想过要走学术道路，但他还是决定加入 GT 管理投资公司。职业生涯早期，他读过跟他同姓的作家约翰·特雷恩在 1980 年出版的《金钱大师》，一本介绍各路投资成功人士的书籍。他称誉这本书影响了他的投资理念。十多年来，他都在掌管 GT 的收益基金，并当上了泛欧洲首席投资官。然而，GT 被景顺基金收购时，他决定跳槽到 M & G 担任投资管理总监。

加入 M & G 后不久，尼克·特雷恩很快晋升为全球股票负责人。然而，仅仅待了两年后，他就决定辞职，和同在 GT

Management 工作的迈克尔·林德赛共同创立自己的投资公司林德赛－特雷恩。自 2000 年 12 月以来，特雷恩一直在运营芬斯伯里成长和收益投资信托基金。同时，他还在运营其他两个基金：林德赛－特雷恩投资信托（始于 2001 年 1 月）和 CF 林德赛－特雷恩英国股票基金（始于 2006 年 7 月），同时还共同管理林德赛－特雷恩全球股票基金。

成长中发现价值

表面上尼克·特雷恩是个相当特立独行的成长投资者，但事实上，他更喜欢称自己为价值投资者，与本杰明·格雷厄姆一样认为股票有确定的内在价值，持有一只股票的前提是你认为这只股票价值被低估。而且，他还称誉沃伦·巴菲特对他影响重大。但是，巴菲特已经从购买物美价廉的公司转为投资价格公道、表现出众的公司，而对特雷恩而言，遇到出类拔萃的公司，无论价格多少，他都愿意买进股票。事实上他认为，从自己的内部调研来看，真正出色的公司其价值最高可以是目前收益的 60 倍。

另外,他极不愿意出售表现良好的公司,这也证明他是个十足的价值投资者。当股票价格上涨到看起来不再"廉价"的时候,价值投资者往往会进行抛售,然而特雷恩认为你应该坚定持有。事实上,他批评理财经理,因为他认为这些经理为了获利而抛售帮他们生钱的股票。只有当特雷恩认为股票长期增长的前景十分黯淡时,他才会抛售。在他看来,出色的公司少得可怜,因此一旦找到了一家,就应该坚定持股。

特雷恩不愿意出售顺风顺水的投资,意味着他的年周转率低至5%左右,平均每20年将整个投资组合周转一次。事实上,他已经有好几年没有将任何公司迁入或迁出投资组合。由于他的诸多竞争对手每年都会换手整个投资组合,因此他的周转水平相当低,但有助于保持较低的交易成本。

他和其他经理的另一主要区别是他不主张过度分散投资,比如芬斯伯里成长和收益投资信托基金当中,居前10位的投资占到资产的68%。林德赛－特雷恩英国股票基金则更为集中化,仅10家公司就占了83.9%的基金。总的来说,他的方法可以概括为,如果你盯上了几家非常强劲的公司,并且坚定持有下去,你就肯定能顺风顺水。

瞄准令人垂涎的公司

就如何寻找能够在他的投资组合中占据一席之地且如凤毛麟角的优质公司，特雷恩有几条经验法则。像彼得·林奇一样，他认为产品质量好、客户好评多是增长潜力的重要标志。销售令人垂涎或是消费者挚爱的产品，不仅有助于公司提高销量，而且能够帮助公司避免经济周期、产生良好的现金流。特雷恩还认为，品牌如果强大的话，将有助于抵御竞争和科技变革带来的威胁，使投资者更容易确定收入增长并在未来能够持续向好。

特雷恩喜欢单个家族掌权的公司，或者至少是一个家族占股比重很大的公司。他认为，家族所有制能够约束公司，促使其有效分配资本。这样的公司也更有可能着眼长远，看到未来 10~20 年而非未来几个季度里会出现的挑战和机遇。相比之下，大多数职业经理和公司的成功几乎没有利害关系，并且无论如何，他们都只会在一家公司待一小段时间。这样的公司在全球范围里开展业务，而不局限于一个国家，也有助于提高盈利能力。

最后，特雷恩认为，投资者要知道并理解投资项目，这点至关重要。无论公司的潜力有多大，如果商业模式过于复杂或者投资者对公司做什么并没真正了解，那就要避开这个公司。例如，虽然特雷恩认为生物科技行业在未来几年可能做得很好，但他开玩笑说，如果他入股生物科技公司的话，那他就会被炒鱿鱼，因为他对该行业的基础知识知之甚少。这并不是说他全然反对科技公司，他只是希望这些公司的商业模式能够简单些。特雷恩被他办公室使用的 Sage 会计软件震撼到之后，出资对这家软件公司进行了投资，体现了他说的"购买自己了解的股票"的理念（特雷恩称自己"不懂数学计算"）。

着眼长远的股票与股市

特雷恩也认为自己对经济持乐观态度，并将这种乐观看作其投资战略的核心。在他看来，试图根据短期经济预测进行投资是不可能成功的，而中长期投资的前景则相当光明。尽管短期价格会上涨，但他认为投入的成本一般会逐渐下降。事实上他指出，在过去三百多年里，相比成品和服务的价格，商品和能源价格一直在下滑。

他还认为，数字技术和商业组织的改善将带动生产力大大提升，减少企业需要的营运资金数额，反过来为股东带来更多的收益。最后，他认为，行业整合与跨国并购的前景广阔，行业整合将提高利润、杜绝浪费；而跨国并购将提升效率并在全球范围内推广最佳方案。

当然，如果利润真的提高，那么附属公司的股价按理来说也会跟着提高。所以，特雷恩对经济态度乐观，自然就会对股票回报充满信心，这也是意料之中的事。他自己指出，经过较长的一段时间，股票带来了丰厚的收益，跑赢了债券和现金，这进一步证实了他的观点。当然，如果股票表现良好，那么依赖于股市的行业也理应受益。所以他认为，投资基础设施和投资交易所一样是有意义的。他还认为，股市表现强劲的话，基金管理行业也应该会受益。

表现卓越

从 2001 年 1 月初到 2017 年 3 月底，向芬斯伯里成长和收益投资信托基金投资 100 英镑，将增值到 560 英镑（包括再投资分红），年回报率略超 11%。林德赛－特雷恩投资信托更加出色，在 2001 年 3 月创立时投资 100 英镑，16 年后增值到 878.90 英镑，年回报率相当于 14.54%。该信托基金约 2/5 用于投资林德赛－特雷恩公司（该公司未上市）。这两只基金的表现都比富时全股出色，同期富时全股回报率仅为 121%（年均 5%，包括股息在内）。在 2007 年至 2016 年间，林德赛－特雷恩全球股票基金上涨了 194.3%（年均 12.73%），而富时全股上涨了 74.3%（年均 6.35%）。

由于特雷恩大获成功，林德赛－特雷恩投资信托现在的交易价，比净资产值要高出 30%。换句话说，投资者极其看好尼克·特雷恩的管理技能，愿意支付溢价甚至超出他投资组合中股票价值的 30%（曾一度高达 70%）。事实上，特雷恩提醒过投资者，表示自己认为溢价过高。与此同时，开放式的林德赛－特雷恩全球股票基金目前管理的资产达 34 亿英镑。

成功的投资

曼联足球俱乐部是尼克·特雷恩最成功的投资,当时他还在GT Management工作。他在20世纪90年代初期买进了该俱乐部(在1991年上市)的股票,认为曼联知名度高、国际球迷多,确保了随着电视转播费带来的收入暴涨,俱乐部从中能获得巨大收益。在20世纪90年代,他的预测得到了证实。得益于英超联赛的发展,在90年代末,电视公司支付的金额在一个赛季的时间里,从6000万英镑增加到1.7亿英镑。因此,特雷恩投资的价值飙升,股票价格增长30多倍。

博柏利服装公司是另一个利润极其丰厚的投资。在这个案例里,特雷恩关注了博柏利多年才决定入股。虽然他对产品的质量赞赏有加,但他认为即使是对他而言,博柏利股价还是太昂贵了。然而,金融危机最严重的时期,博柏利股价腰斩,跌至3.60英镑时,他开始买入,然后在股价持续下跌至1.60英镑时甚至买入更多的股票。

尽管博柏利一年内迅速反弹至每股5.65英镑以上,特雷恩仍然决定坚定持有，因为他十分看好博柏利的服饰和知名产品的质量。现在的股价达 17.85 英镑，跟他最初买入的价格相比，每年涨幅为 20% 左右（跟该品牌的最低价格相比，每年涨幅为 30%）。博柏利的交易额为过去四个季度收益的 30 多倍，其他基金经理认为这个价格非常高，而特雷恩仍然认为其潜力很大，因为公司数字营销质量高、网络销售又成功盈利，令他赞赏有加。

失败的投资

特雷恩并非每项投资都获得了成功。投资教育出版集团培生（Pearson）是他为数不多的败笔之一。实体教科书向在线图书和学习材料的转变，冲击了该公司的利润和销售。这造成了连锁反应，导致培生的股价相比 15 年前大幅下跌。虽然特雷恩决定坚持投资，但他坦言自己有好几次差点就抛售，他甚至还向投资者道歉，因为培生集团的表现对其投资组合造成了负面影响。

另一家无法应对科技变化的公司叫作电子与音乐工业公司（EMI），这是他为芬斯伯里成长和收益投资信托基金最早买入的股票之一。他坦言自己并没有想到，科技的发展，尤其是在线盗版、文件共享以及下载文件对高利润光盘的取代，会对收入和利润造成如此大的破坏。然而，当他意识到自己的失误时，他立马脱身，在2003年抛售了所有持股。

把投资简单化

尼克·特雷恩证明，在没有过多的疯狂买入和卖出的条件下，是有可能在数个经济周期内战胜市场的。事实上，对时间有限的投资者来说，他的理念算是颇具吸引力的，即购买业务简单的优质公司并坚定持有。这还表明，价值投资并不是赚钱的唯一途径。尽管如此，他的方法也不是万无一失的。他对培生的投资阐明了"爱上"公司的弊端，即使是优质的公司，最终也可能败给科技变革和聪明的对手。

尼克·特雷恩的投资生涯

表现 ★★★★

尼克·特雷恩运作的基金和信托大幅战胜了市场。

长期性 ★★★★

尼克·特雷恩已经参与管理林德赛-特雷恩近20年。在此之前他曾担任过其他公司的基金经理。

影响力 ★

尼克·特雷恩一直是一位非常成功的投资家,他小心翼翼地保持非常低调的姿态。

模仿的难易程度 ★★★★

要在股市赚钱,最省心的方法之一就是找到收益稳定、持续的优质成长型公司,购买其小部分股票,坚定持有较长时间。对于时间有限的普通投资者来说,这也是最简便易行的方法。然而,诀窍在于找到表现出色、能够真正做到这一点的公司。

总体评分:13 ★(满分 20 ★)

第十三堂课　风险投资

乔治·多里奥特

只投资最好的，并且保持耐心

　　如今，风险投资是全球资本市场的重要组成部分。事实上，根据安永公司的估算，仅 2015 年，风险投资公司就投资了 1480 亿美元在 8381 笔交易上，主要集中在美国、欧洲和中国。几乎所有的上市科技公司都在某一时刻拿到过风险投资资金。然而，虽然一直都存在非正式的私人投资群体，但直到第二次世界大战结束时，"种子投资"才正式化。乔治·多里奥特是公认的风险投资之父，尽管约翰·黑·惠特尼和威廉·德雷珀等人也发挥了重要作用。

　　风险投资与美国有着深厚的渊源，这令欧洲决策者哀叹欧洲在这方面的发展明显滞后。但令人意想不到的是,这位风险投资之父是来自法国的移民。乔治·多里奥特1899年在巴黎出生,在第一次世界大战期间,他暂时从大学退学,去担任炮兵部队的军官。然而,在战争结束并完成学业之后,他意识到,在这个饱受战争蹂躏的国家,他的机会非常有限。

因此,多里奥特移居美国,计划就读麻省理工学院。然而,一次他与哈佛商学院院长碰面,院长说服了他留在哈佛商学院读一年。接着,他在华尔街的库恩雷波公司工作了4年。1925年他回到哈佛商学院,1929年成为正教授。事实上,即便他成了二战后的风险投资家,他继续在哈佛商学院授课。到1966他离开讲台时,他教过的学生有近7000名。

除了开展大量非正式的咨询,多里奥特还在20世纪30年代给美国陆军工业学院授课。美国走向战备状态时,他以前教的学生说服他到美国陆军担任军需官,这让他对军工生产和军事科技的走向产生了很大的影响。二战结束时,多里奥特已升至准将(他回归平民生活后继续沿用该头衔),这项工作也使他密切接触到了许多领先的制造商和研究人员。

基于这样的经历，实业家拉尔夫·夫兰达斯（后来的美国参议员）与多里奥特接洽，请他担任美国研究与发展公司的首席执行官。这是一家成立于1946年的专业风险投资基金。多里奥特运营美国研究与发展公司25年，直到1971年退休（一年后美国研究与发展公司与科技企业集团德事隆合并）。他还对另外两个风投基金的建立起到了关键作用：加拿大企业发展有限公司（CED）和欧洲企业发展有限公司（EED）。

涉足风投

美国研究与发展公司创立的理念是由于政府的科研拨款大幅提高、《美国军人权利法案》创造了大量的熟练劳动力，这将创造大量的商业机会，对退伍军人而言尤其如此。美国研究与发展公司为这些刚起步的企业提供足够的资金，帮助他们做大做强，得以在股市上市。作为回报，美国研究与发展公司会掌控企业的大量股权。公司的创始人认为，资助小型初创企业的过程，有助于美国保持技术优势，并从钢铁和重型制造业等成熟产业跳出来，实现多样化，但主要目标显然是为了盈利。

多里奥特战略的另一方面是坚持长期投资，而不是一有机会就卖出，即使他的公司最初回报微薄或回报为零。在许多情况下，美国研究与发展公司甚至在一家公司上市后仍保留了大量股权（此时许多风投公司自然会脱身，甚至时至今日仍是如此）。虽然许多华尔街人士认为这种态度太过于不理性，但多里奥特驳斥道，身为教授和顾问的经历告诉他，公司要实现具备自身长期的潜力，需要时间和耐心。因此，他认为，当公司最终出售或在股市上市时，耐心等待会产生更高的回报。

在选择投资方面，美国研究与发展公司鉴别力很强，这是它和此前的公司的另一个不同之处。在该公司创立之前，家族基金会或个人表明风险投资少得可怜，他们依靠社交或商业联系，随意地将钱投入朋友经营的公司。多里奥特主张对于每笔风投申请，都应该根据其优点来进行判断，并且只投资给最好的方案。

作为眼光敏锐的调研专家，多里奥特和员工会展开大量的尽职调查，从所获得的数百项提议和听闻的诸多有趣的想法中选出最佳方案。这种尽职调查侧重于两方面：业务规划的质量和领导层的创业技能。

短期问题不穷，长期大获成功

风险投资的理念起初在华尔街饱受质疑。大型基金会认为风险太大，而许多金融家认为比起盈利，多里奥特对公司扩张更感兴趣。因此，美国研究与发展公司在1946年首次公开募股时仅筹集了350万美元（相当于2015年的4250万美元），没达到500万美元的目标（相当于2015年的6060万美元）。

公司头10年的业绩惨淡。1946—1957年，美国研究与发展公司的每股净资产值仅增长37.8%，年回报率3.3%。这个衡量方法甚至算是比较松的了，因为没有方法准确地衡量既无盈利又无分红的公司的价值。事实上，公司股票的实际交易价格低于初始的25美元水平，这意味着需要兑现的投资者要亏本。该基金的股票曾下跌到只需要16美元就能买入，跌幅达1/3。

事实上，由于公司起初业绩惨淡，麻省理工决定抛售它在多里奥特基金持有的所有股份。火上浇油的是，负责投资的受托人也是美国研究与发展公司的财务主管,而且他表示甚至公司的高管也对公司的运营方式毫无信心。与此同时,核心员工纷纷辞职,认为公司的结构导致他们多劳少得(之后的大多数风投基金都以有限合伙制方式运营)。

但是,到20世纪50年代末和60年代,美国研究与发展公司的股票上涨。事实上,股价涨幅如此之大,以至于股票在1960年按3∶1进行了分割,在1969年按4∶1进行了分割。1960年的第二次公开募股额外募集了800万美元(相当于2015年的6400万美元)。总体而言,多里奥特1971年退休时,公司的净资产为4.27亿美元(相当于2015年的25亿美元)。按照股票分割和资本注入调整之后,每股净资产值25年内增长了近35倍,年回报率超过15%,远高于整体股市。

遗憾的是,多里奥特的其他方案并非一如美国研究与发展公司那样成功。实际上,欧洲企业发展公司(1963年成立)在1976年败北。多里奥特将原因归咎于银行家对科技投资几乎没有耐心,而且商业环境不利于初创公司投资。加拿大企业发展公司(CED)也于1986年解散。

多里奥特最出色的投资——迪加多

迪加多是多里奥特（和美国研究与发展公司）最知名的投资。公司的创始人是两位麻省理工学院的研究人员——根·奥尔森（Ken Olsen）和哈兰·安德森（Harlan Anderson）。他们的想法是制造小型计算机，其他研究人员和科学家可以使用这种计算机，而不是像大公司那样使用跟一个房间那么大的主机。虽然两人研发的原型机 TX-0 受到了麻省理工学院学生的热烈追捧（尽管当时市面上有速度更快的计算机），但各大公司极不情愿为他们提供创业发家所需的资金支持，因为即使是老牌公司要打入市场（例如美国无线电公司）也以失败告终。

在听了两人的演讲后，多里奥特决定投资迪加多公司 7 万美元（相当于 2015 年的 58.9 万美元），以换取该公司 70% 的股权。他还给两位创始人提出了很多建议（但他没有干预日常决策）。事实证明，这个决定非常明智。由于 PDP-1 计算机热销，迪加多很快就开始盈利。到 1966 年，迪加多实力雄厚到足以上市。一年后，美国研究与发展公司在该公司持有的股票价值达到了

1.25亿美元,占其45家公司投资组合的80%。迪加多在20世纪80年代末达到巅峰,当时收入为140亿美元,1998年被康柏电脑以98亿美元的价格收购。

美国研究与发展公司带来的启示

近年来出现了股权众筹,但很少有散户投资者能够直接对公司进行投资。但是,通过多里奥特运作美国研究与发展公司的经验,我们可以获得几点关于投资小盘股和早期科技公司的启示。美国研究与发展公司头十年被市场低估,同理,对于有形销售额或有形利润十分微薄的公司来说(但这可能表示公司被低估或高估),市场可能需要一段时间才能恰当地做出估值。因此,要做出合理的科技投资,就需要有耐心坚定持有一家公司的股份,哪怕它的股价落后于市场。

科技投资与风险投资一样需要寻找一些能手,弥补许多公司经营不善或改变濒临破产的状况。美国研究与发展公司本身就是最显著的例子。事实上,如果多里奥特转手了该公司,那他的基金在过去25年的运营时期里，年回报率就会更加微薄，仅有7.4%，远低于同期的市场表现。因此，分散投资比正常投资更重要，但你仍然应该避免过度分散，因为会妨碍你选择最赚钱的时机。

自己做调研也很重要，不要依赖公司提供的宣传材料或其他人的意见。毕竟，对于自己投入了大量时间和精力建立起来的公司，很少有人会承认存有缺陷。同样，人们可能过于急切要放弃新技术，纯粹是因为有一家公司未能充分利用该技术。小型计算机的研发起初未能成功，表明人们不愿意投资美国研究与发展公司，同样的，1999—2000年互联网泡沫的肆虐掩盖了一个事实，即在很多情况下，想法都很不错，但就是择时过早了点。

实际上，很多时候，企业是否具有远见卓识的企业领导人是其成败的关键。因此，投资者在决定投资与否的时候，应该像多里奥特那样，关注公司管理层质量好坏。

乔治·多里奥特的投资生涯

表现 ★★★★

美国研究与发展公司在25年的运营过程中，轻轻松松地战胜了市场。然而，多里奥特管理的其他风投基金的失败在一定程度上削弱了他的业绩记录。

长期性 ★★★★

多里奥特在美国研究与发展公司工作了25年。

影响力 ★★★★★

作为首个风投基金的创始人，多里奥特被誉为风险投资行业的创始人，可谓恰如其分。

模仿的难易程度 ★★

一般来说，直接进行风险投资对投资者而言是不太可能的，虽然有少许上市基金，而且在股市上市的小盘股科技公司不少，但前提是你得有大量可以利用的资金。

总体评分：15 ★（满分20 ★）

第十四堂课　了解时代趋势

尤金·克莱纳与托马斯·帕金斯
硅谷合伙人：硅谷之父的创投之路

乔治·多里奥特创建了第一个公众可以投资的风投基金，让风险投资行业更加正式化。然而，风险投资直到20世纪70年代才开始腾飞，变成重要的资产类别，主要原因是计算机和生物科技产业在北加利福尼亚兴起（这个地区后来变成了著名的硅谷）。这两个行业飞速扩张，需要种子资本，但对于银行贷款或公开募股等更为传统的资金来源而言，行业的风险太大。

相比之下，对硅谷而言，风险投资行业是一个更加优秀的合伙人，因为该行业愿意进行大量失败的投资，以期当中的一两项

时机
THE BEST OPPORTUNITY

投资带来丰厚回报。20世纪70年代后期，由于证券法改革，养老基金、捐赠基金和其他信托基金更容易投资风险投资家创建的投资集团，因此风险投资行业进一步发展。芝加哥大学的保罗·戈珀斯估计，从1972年起的20年里，风险投资家让962家公司达到了可以在证券交易所上市的水平。

很多人在这段时间发了大财。但在设立游戏规则、为各家公司汇集资金方面，没有哪家公司比克莱纳-帕金斯（如今的凯鹏华盈）更有影响力。尽管凯鹏华盈不再是行业领导者，但它在创立的头15年里大获成功，树立了竞争对手仍在效仿的榜样。克莱纳-帕金斯由投资家尤金·克莱纳和托马斯·帕金斯于1972年创立和经营（另两位合伙人弗兰克·卡菲尔德和布鲁克·拜尔斯直到1977年才加入）。

难民出身的主管

尤金·克莱纳1923年出生于奥地利。1938年德国军队入侵，之后不久，他的父亲就逃离了自己的祖国。在比利时、西班牙和葡萄牙待过一小段时间之后，克莱纳一家人坐船去往纽约。克莱纳短暂地接受过机械师职业培训，之后应征加入美国陆军。由于精通德语，他在第二次世界大战期间负责守卫战俘营。退役后他在布鲁克林理工学院（现附属于纽约大学）攻读工程学学位，之后在纽约大学攻读硕士学位。

克莱纳先是在西电公司做工程师，之后做出了重大决定，跟诺贝尔奖得主威廉·肖克利一起工作。这意味着他不仅搬到了加利福尼亚州，而且他能够接触一群天赋异禀的科学家。不幸的是（或者说最终很幸运的是）肖克利是一位糟糕的经理，想方设法快速地疏远所有员工。事实上，事态变得异常糟糕，以至于团队打算各立门户，如克莱纳通过熟人说服竞争对手的公司对他们团队进行投资，由此创立的仙童半导体公司大获成功，公司的老板仅仅等了3年就选择收购了该团队，每位团队成员获得了25万美元（相当于2015年的200万美元）。虽然与科技的价值相比，这只是一笔小数目，提供的资本足以让克莱纳成为投资家。在接下来的 12 年里，克莱纳一直投身科技公司，创立自己的公司爱德思，在 1965 年以 500 万美元的价格出售给雷神公司。他还投资其他早期科技公司，最著名的当属以前的同事戈登·摩尔和罗伯特·诺伊斯创立的英特尔。

托马斯·帕金斯与克莱纳相反，他的背景更加普通。他 1932 年生于纽约的怀特普莱恩斯，在麻省理工学院学习工程学，在那里接触到了乔治·多里奥特，并在哈佛大学攻读工商管理硕士。然后，他在惠普公司搞营销，当时惠普是一家规模虽小但发展迅速的科技公司。虽然他离开过惠普一段时间，为一个没有起色的初创公司干活，但他后来重返惠普，并且步步高升。事实上，他的职责不仅包括把计算机部门从无足轻重变成举足轻重，还包括重组计算机部门，以应对该部门规模的急剧扩大。不过，惠普老板向他明确表示，他永远不可能成为首席执行官。此时，他投资了大学实验室（University Laboratories）这家初创公司。该公司最终被光谱物理公司收购，让帕金斯赚了几百万美元。帕金斯成了新兴富豪，同时希望尝试其他挑战。他认为科技行业迫切需要早期融资，但传统机构或现有的少数几家风险投资公司都未能满足这一需求。因此，他离开惠普，自立门户。在试图筹集资金的同时，一位投资银行家建议他与克莱纳合作，因为他也在做同样的事情。

因此，克莱纳－帕金斯基金在1972年成立，一年后开始投资企业。到1986年，尤金·克莱纳正式退出，尽管他继续担任非正式顾问，但不再参与克莱纳－帕金斯的日常业务。同样，帕金斯最终也辞去职务，尽管他还与克莱纳－帕金斯及该基金资助的企业保持联系。帕金斯参与的投资包括亚马逊、网景和谷歌。尽管帕金斯从未透露过自己的实际资产，对他拥有超过10亿美元的报道予以否认，但他的钱财多到足以斥资1.5亿美元买下一艘游艇。

投资狗粮

克莱纳－帕金斯成立之前，风险投资家一般都是被动投资者。也就是说，虽然他们十分重视选择优质公司进行投资，但他们并没有直接干预公司的日常管理和战略决策。然而，托马斯·帕金斯和尤金·克莱纳有过这方面经验，所以他们都主张需要采用更直截了当的方法。因此，克莱纳-帕金斯基金采取主动姿态，来确定所投资的公司应当如何运作。方法包括加入董事会，甚至引入外部高管来帮助创始人管理公司。

公司所依靠的技术是否会有市场，是决定他们要不要投资于某特定项目的另一个重要因素。虽然这听起来再平常不过了，但他们都清楚科学家可能会把注意力转向科技的精美，而不去考虑是否能赚钱。克莱纳曾说过一句名言，"狗粮研发完成后，务必确保狗狗会有吃的欲望"。他也不喜欢专注于小市场的想法，认为"初创企业瓜分利基市场就像两个秃子为了梳子大打出手"。

两次大获全胜

投资生物科技先锋基因泰克是克莱纳-帕金斯基金最知名的成就之一。基因泰克创立于1976年，创始人是赫伯特·博耶和罗伯特·斯旺森，前者是加州大学旧金山分校的教授，后者曾就职于克莱纳－帕金斯基金投资的 Cetus 科技公司。整个想法是使用基因工程这项新技术生产人造胰岛素和其他药物。克莱纳、帕金斯与基金其他成员讨论并和外部顾问调研过该技术后，表示如果任命托马斯·帕金斯为新公司的董事长的话，他们就同意投资10万美元（后来增加到20万美元）。

基因泰克并不直接生产胰岛素，因为这需要大量的资金。公司重点放在更简单易行的任务上，即生产生长抑制素，并且成功地完成了这项任务。虽然商业价值有限，但证明了这项技术是可行的。因此，基因泰克得以和一家制药公司达成合作，生产人造胰岛素。根据协议，该制药公司支付了大量研究费用。1978年这一目标完成，成了全球头条新闻。

两年后，该公司在股市上市，每股35美元，克莱纳－帕金斯基金占有93.88万股，总计3250万美元。在不到4年的时间里，市盈率超过162倍。到了1986年，即克莱纳－帕金斯基金投资10年后，股票价值已增至1.6亿美元，也就是说价值每年都成功翻倍。总的来说，克莱纳首只基金的价值从1973年的746万美元增加到1986年的3.4556亿美元，年均回报率34.3%（但由于并非所有的资金都系一次性投入，所以内部收益率其实更高）。

有趣的是，基金最后近 95% 的价值来自两项投资：基因泰克，以及天登电脑（网络系统方面的专业公司，研发的网络系统即使有几个环节中断或完全关闭，网络仍可继续运行），所以我们可以认为他们非常幸运。然而，他们 17 项投资中，有 10 项收益为正，而且即使基因泰克和天登双双折戟，最终的价值还有 1920 万美元，年回报率高达 7.5%。

克莱纳 – 帕金斯给我们的启示

在上一堂课提到过，大多数投资者都不能直接对公司进行投资（尽管众筹可能会改变这种情况）。无论如何，普通股东几乎无法对公司的决策产生重大影响。但好消息是，如果投资人士想入股大多数科技公司和快速发展的企业的话，尤金·克莱纳的投资观点可能很有帮助，只要投资者有一点想象力和横向思维。

举个例子。克莱纳说过，公开发行股票时，"甚至火鸡都能在强风中展翅高飞"。他还承认，"风险投资家会永不言弃地复制成功"。实际上就是说,当科技热情高涨,或者新型企业获得成功时,风险投资家就会向照葫芦画瓢的公司投入大笔资金。与此同时,精明老练的投资者把刚刚起步、哪怕是二流的公司上市到同一行业,利用人们新的热情获利,他们相信投资者愿意为这些公司支付溢价。

当然,事实证明,入股这些公司大多是很糟糕的投资选择。互联网显然改变了世界(即使速度不如预期的那么快),像亚马逊和苹果这样的优质公司是极佳的投资选择。然而,1999—2001年,一些像 eToys.com 之类的公司被引进了市场:开始交易的头几天,股价蹿升,接着迅速回落甚至破产。科技泡沫时期也发生过类似的事情,甚至可以追溯到19世纪50年代的铁路狂潮。

确保科技或产品的潜在市场广阔到足以支撑公司发展,这一点也很重要,特别是如果公司会面临竞争的话。一家公司开发了一款有趣的产品,并不意味着必然会有商业潜力——你需要进行调研。

科技投资者还需要了解未来的科技趋势。如果由于未来的创新导致一家公司的主打产品最后过时了,那投资这样的公司并非明智之举。正如克莱纳所言,"尽量避开3万美元的冰箱"。反言之,为了开拓市场,某些产品和服务可能需要打大的折扣来进行销售,甚至需要做亏本买卖,因为"有两种类型的早期采用者[④],一类会购买产品,另一类则想要别人送产品给他们"。

成功贯彻这个战略的经典案例就是亚马逊公司。亚马逊在1997年至2001年底发行股票,却未能扭亏为盈。尽管根据当初的商业计划,公司会好几年都无法盈利,但在科技泡沫破灭时,有人猜测亚马逊可能无法支付利息。然而,在公司革新零售业时仍坚持追随的投资者得到了回报:1997年5月时,股价为18美元,就在20年后涨到了1.16万美元以上(根据股票分割进行了调整),单是股价的上涨就带来了38%的年均回报率。

克莱纳十分青睐那种"比你妈妈给你的建议还要好"的董事会。在不同国家进行的几项研究都表明,如果公司治理良好,股票收益就会更高。例如,巴塞尔大学的伍尔夫甘·德罗贝茨(Wolfgang Drobetz)发现,在1998年至2002年,如果入股企业治理水平较高的德国公司并且做空企业治理很差的公司,那就

[④] 指的是在产品上市之初就率先使用、喜欢尝试的顾客。

能获得 12% 的超常回报。同样,沃顿商学院的保罗·戈珀斯在 2003 年发现,20 世纪 90 年代期间,在美国市场使用类似的战略也会产生接近 9% 的超额收益。

尤金·克莱纳与托马斯·帕金斯的投资生涯

表现 ★★★★★

虽然缺少公开的收益记录,但有证据表明凯鹏华盈在20世纪七八十年代为投资者带来了巨额回报,即使按风险投资公司的标准来看也是如此。帕金斯的一连串投资也非常成功,使他得以积累巨额财富。

长期性 ★★★★

克莱纳在凯鹏华盈工作14年,而帕金斯则扎根科技投资数十载。

影响力 ★★★★

为完善多里奥特的风险投资模式,凯鹏华盈做了大量的工作。事实上,许多专家认为,硅谷科技投资真正的创始人群体中,克莱纳和帕金斯就是其中两位。

模仿的难易程度 ★★

除非投资本钱丰厚,否则大多数投资者都无法涉足早期风险投资。但是,在纳斯达克和另类投资市场(AIM)上市的小型科技公司不在少数。

综合评分 17 ★

第十五堂课　全球投资

约翰·邓普顿

不要有偏见：在互联网时代找到国际投资机遇

即使在今天，英美投资者还是青睐投资本土的股票市场。实际上，尽管美国市场仅占全球股票市值的一半，但美国散户投资者持有的股票90%都是在美国交易所上市的股票。你会以为投资专业人士的保守程度要低得多，但美国的共同基金平均只拿出1/4的资产投资到境外。虽然富时指数只占全球股票的7%，但英国各股票基金仍把一半资产投资到富时指数。

然而，回看二战结束后不久的时期，这种"本国偏见"更加突出。事实上，当时普遍认为，任何高于象征性数额的海外投资，其风险都高到无法承受。交易成本降低、信息更加可靠、新兴市场崛起，这些致使投资领域变得更小；而一些投资经理勇闯海外的成功事迹，则帮助说服普通投资者放眼国外。其中最知名的人物之一当属约翰·邓普顿。

扑克玩家成为明星基金经理

邓普顿1912年出生于田纳西州。他家境贫寒，但凭借刻苦学习考进耶鲁大学。经济大萧条余波未息，导致身为律师的父亲无力支付他的学费，此时邓普顿利用玩扑克游戏赢来的钱和奖学金，使自己完成了学业。1934年从耶鲁大学毕业后，他以罗德学人（Rhodes Scholar）的身份去牛津大学深造。然而，令他印象最深的是在牛津大学完成学业后为期7个月的环球旅行。旅途中邓普顿到过至少26个国家，其中包括德国、印度、中国和日本。

旅行回来后，邓普顿在经纪公司芬纳-比恩（后来被美林证券收购）找到了工作。老板对他印象非常深刻，以至于几年后借给邓普顿1万美元（相当于2015年的17.1万美元），从即将退休的主管手中收购了一家投资咨询公司。第二次世界大战爆发后不久，纽约证券交易所里所有价值不到 1 美元的股票，邓普顿花了差不多一样的钱通通买进，包括许多当时破产公司的股票。邓普顿表示，截至 1943 年，这些股票价值达 4 万美元（相当于 2015 年的 54.8 万美元）。

20 世纪四五十年代，邓普顿和合伙人继续扩大投资顾问业务。然而，公司扩张步伐缓慢，令他感到沮丧。他发现，运作基金的话，资产基数更大，通过获得更小的分成，可以赚到更多的钱。在加拿大设立基金能够获得税收优惠，这点也吸引了他（这意味着他的投资者无须支付资本利得税两次）。因此，他决定在 1954 年成立共同基金，从而扩大投资群体。虽然未能在 20 世纪 60 年代成功卖掉该基金和投资业务，但邓普顿日后一直管理该基金，直到 1992 年退休。此时，邓普顿将基金出售给竞争对手富兰克林管理公司（Franklin），据称售价为 9.13 亿美元。

职业生涯的落幕，以及跟富兰克林公司的基金买卖，让他能够把更多的时间和精力投入以研究科学与宗教的联系为核心的慈善活动当中。然而，他仍然与投资界保持联系，帮助邓普顿成长基金的继任者，给他们献计献策。与此同时，他还管理自己的资金以及选定的私人投资群体的资金（最为瞩目的是就在2000年股市科技泡沫破灭之前，劝说他们做空手中的股票）。

投资海外，逆势而为

邓普顿早期担任投资顾问时，重点是帮助客户根据他对股市价格走高走低的看法来减轻所承担的股票风险，从而获得可观的回报。具体来说就是，如果公司交易时，过去四个季度的市盈率和账面价值较低，他就建议客户增加承担的股票风险；如果市盈率升高，就减少持有的股票。事实上，当他再次做资产管理时，他让客户在互联网泡沫高峰期抛售股票，从而帮他们挽回了一大笔钱。当时这种方法称为"耶鲁法"（Yale Method），但现在更普遍的说法叫"战术性资产配置"。

然而，管理邓普顿成长基金时，邓普顿采取了截然不同的方法。事实上，无论经济状况好坏，他都不会尝试进行资产配置或遴选市场时机，而是选择他认为会做得好的个股。当然，他管理的基金的资产有一部分以现金形式保留，以便能够解决兑现问题并做好准备迎接新机遇。然而，现金比例非常小，因为任何时候都至少有 85%~95% 的资金用于投资股票。

价值投资元老本杰明·格雷厄姆撰写的《证券分析》是邓普顿读的第一本书，因此，他非常赞同格雷厄姆的观点，强调要寻找廉价股。他也认为，重要的是不要给公司多付钱。不过，他相信，一些公司即使表面上看起来并不便宜，如果其增长前景和利润率足以证明其估值合理，那就仍然可以说是廉价公司。

为了找到被市场低估的股票，邓普顿不得不让自己的情绪摆脱市场共识的影响。他觉得要是他依然住在华尔街附近，要摆脱影响会是很难的，因为很容易被大众扰乱头脑。因此他把办公室搬出了纽约。最初只是搬到了附近的新泽西州，1968 年，他搬到更远的地方去了——加勒比地区的巴哈马群岛，后来加入英国国籍（因此他在 1987 年被封为爵士）。

全球观是他投资策略中最重要的组成部分。邓普顿认为，大多数投资者避开海外市场，反而降低了找到优质投资的可能性。因此他开始将大量资金用于投资海外各类公司的股票。事实上，美国股票占邓普顿整个股票投资组合的比例一度只有 16%，而基金能够反映美国的相对重要性时，美股所应占的比例远远高于这个数字。邓普顿的策略得到了丰厚回报。1954—1992年间，邓普顿成长基金年均回报率为16%，远高于同期标准普尔500指数11.8%的年均回报率。有趣的是，他是在1969年以后迎来人生的最佳业绩，1969—1992年年均回报率为18.3%（领先MSCI指数6%）。这项成功和精明的营销让邓普顿的资金规模从1955年的600万美元蹿升至1981年的7.51亿美元。

邓普顿成长基金和其他基金在1992年出售给富兰克林公司时，管理的资产累计达130亿美元。

对日本市场的判断：正确—失误—正确

最能阐明邓普顿策略优缺点的当属他对日本的投资。战后，日本企业看起来并不算特别廉价。然而，日本企业的会计形式与众不同，这意味着其实际利润远比看起来的要高。因此日本的企业实际上非常廉价。同时，邓普顿察觉到日本经济正飞速扩张，政治上非常稳定，经济增长受到干扰的可能性降低。政府也不太可能实施不同水平的惩罚性税收。

因此，日本在20世纪60年代末完全取消资本管制时（此前，资本管制致使海外投资者很难买进日股），邓普顿把大笔的资金投到日本。在1964年的时候，邓普顿并没持有任何日股，但五年后日股占据了其投资组合的18%，相当于全球股票的3%。到1974年，他将近一半的投资组合用于配置日股，而MSCI世界指数却仍然只有12%。

与此同时，日经指数价值恰好大幅上扬，从1968年开始的12年里上涨了5.5倍，不计红利的情况下年均增长约15%。这极大地帮助了邓普顿基金在20世纪70年代的表现。然而，到了80年代初，股票价值的升高意味着日本股票不再廉价。因此，邓普顿降低了承担的风险，到1989年股市科技泡沫的高峰期，他不再持有任何日股，即使H股当时的市值占全球股票的40%。

当然，由于他在20世纪80年代早早退出日本市场，邓普顿基金的业绩受到了打击，但并没有阻碍该基金战胜市场。然而，市场在1989年底达到顶峰，然后开始崩盘，证明了邓普顿的担心是对的。在1990年到1991年的冬天，尽管市场短暂上扬，但到了 1992 年夏天，又下跌了近 60%。邓普顿不再直接管理他的基金已有 25 年，但日经指数的价格还不到股市泡沫高峰时期价格的一半。

海外投资的重要性

国际投资是当今普通投资者比约翰·邓普顿当年更容易进入的领域之一。邓普顿当初必须耗费大量时间，飞往各地去寻找机会，必须应对国际投资相关的官僚程序。如今，各个国家和个别公司的海量信息都可以在网上找到。网上交易减少了投资海外的成本和麻烦，而许多外企在英美市场二次上市。更重要的是，国家型和部门型 ETF 基金为购买国外市场的股票提供了一种低成本的方式。

当然，网络和电视涌现的海量信息有一个缺点，就是要从情绪上摆脱华尔街的影响特别困难了。事实上，即使你很幸运，能够像邓普顿一样搬到加勒比地区去，你也会跟在华尔街一样，被过多的新闻和市场谣言连番轰炸。解决的方法可以是筛选自己所获得的信息。

如果你想效仿邓普顿，那么保持高度的耐心也至关重要。购买被低估的股票，然后看到股票价格飙升，可能会让你心满意足；但看到股票停滞不前，甚至继续下跌，也可能令你心情沮丧。当然，股票价值如果上涨，最终也会变得不再廉价，必须抛售（比如邓普顿的日本投资就是如此）。事实上，价值投资者的真正考验是抑制住冲动，不随波逐流走入被高估的市场（比如20世纪80年代后期的日本）。即使最终事实证明你的判断是对的，这种策略也需要强大的自制力。

约翰·邓普顿的投资生涯

表现 ★★★★★

过去近四十年的时间里,邓普顿以超过4%的年均回报率战胜了标准普尔500指数。他还把邓普顿成长基金从一个小小的基金发展成为130亿美元的巨大公司。

长期性 ★★★★★

邓普顿投资生涯始于20世纪30年代中期,直到90年代初他才功成身退。

影响力 ★★★★

英国投资信托类公司自19世纪以来就一直投资海外。邓普顿极大地鼓动了美国基金经理和私人投资者将外国公司纳入考虑范围。

模仿的难易程度 ★★

许多ETF基金都可以让你广泛接触到特定的地区或国家。很多外国公司都有股票在英国和(或)美国的交易所进行交易。然而,越是远离主板市场,直接买卖外资股就越贵。

总体评分:16 ★(满分20 ★)

第十六堂课　高风险策略

罗伯特·威尔逊

做空大师：世界第八大奇迹

　　卖空是投资领域最具争议的理念之一。事实上，抛售你并没持有的股票以期股价下跌，从而让你以更低的价格再次买入，这种以他人的不幸来获利的做法，在很多人看来是不道德的。卖空者一直被指责是导致个股或整个股市崩盘的罪魁祸首，这种指责几乎不需要理由。即使在今天，也有相关规定来限制投机者做空价格有一定跌幅的公司的股票。

　　尽管做空的投资者和交易者不在少数，但把做空当成投资策略核心的则更少。其中有两个主要原因。第一，对一家公司进行投注，投注收益最大为100%（如果公司股价跌为0的话）。相比之下，理论上来说，亏损是无限的。第二，经过较长的时间，股票几乎总是比债券和现金表现出色，因此除非你有特殊才能，找到股票做空，否则从长期来看，你很可能亏损。

因此，投资者要么只在少数情况下使用做空的手段，像乔治·索罗斯在黑色星期三前夕和杰西·利弗莫尔在华尔街崩盘之前做空；要么利用做空对冲市场波动对其投资组合产生的影响。罗伯特·威尔逊则是违背这项规则的少数例外之一。活跃在投资市场的30年里，他做了大量的空头，以此牟利而不仅仅是管理风险。

投资第一、工作第二

1926年罗伯特·威尔逊出生于底特律。1946年，他从安默斯特学院毕业，获得经济学学位。在密歇根大学法学院待了两年之后，他决定退学，到波士顿第一银行工作。短暂服完义务兵役后，他又在波士顿第一银行工作了一段时间，然后决定在底特律国家银行（National Bank of Detroit）的信托部门找一份更稳定的工作。他称誉这段时光教会了他如何投资。

事实上,威尔逊非常渴望发财,在1956年他把2万美元存款投进股市。问题是,就在股市下跌之前,他利用贷款买进更多股票。这样的杠杆率意味着,当他投资的IBM与休斯敦照明和电力两只股票出现短暂下跌时,他血本无归。讽刺的是,两只股票在接下来的几十年里迅速回弹,表现非常出色。

1958年,他继承了母亲留下的1.5万美元遗产,这让他得以再次投资股市。与此同时,他决定搬到纽约,在接下来的十年里为各投资基金工作,另外还管理自己的资金。1968年,他就职的A.G. Becker公司担心威尔逊在他自己的交易中所使用的杠杆数量,公司给他下了最后通牒:要么采取更为温和的策略,要么另谋高就。当时,他的私人账户金额庞大,因此他决定辞职。

同年,他决定成立自己的对冲基金威尔逊室内建筑设计公司(Wilson and Associates)。由于20世纪70年代初股市低迷,该基金受到严重打击,结果大部分投资者离他而去。很快基金反弹,几个月内达到了收支平衡。然而,看到其他的投资者失去信心,他非常生气,于是把所有的钱都归还给他们,然后专注于自己的投资（但他后来涉足一些小型的外部投资合作企业）。

接下来的 15 年里，威尔逊继续大力管理自己的资金。到了 1986 年，感觉到显而易见的投资机会大大缩减，无法再继续战胜市场，他决定是退休的时候了。因此，他出售了自己的主动投资，将基金管理的日常责任转给了一群基金经理。他还开始从事小规模的慈善事业。2000 年，他决定把大部分财富捐给私人慈善基金会。2013 年底他去世后，他余下的财产捐赠给了慈善机构。

给对冲投资加杠杆

威尔逊的策略是多头持仓。然后他用精心挑选的空头抵消部分多头。为了提高回报，他利用贷款提高杠杆，从而增加可用于投资的资金量。事实上，根据威尔逊的传记作者罗默尔·麦克菲估计，威尔逊每投资 5 美元，就有 4 美元是借来的。虽然空头头寸削弱了市场波动带来的影响，但由于杠杆增加，如果多头和空头挑选出错，即使时间不长，他也会在短时间内损失惨重。

威尔逊的多头头寸主要是成长股。资本利得税的税率低于股息收入的税率，这使这位私人投资者得以从中获利。另外，他很喜欢的一点就是，相比更为保守的股票，成长型公司的股价波动性更大，也更有可能获得非常丰厚的收益。威尔逊特别喜欢两种类型的成长型公司：创新能力比竞争对手强的公司，因为这有助于保持市场份额和利润率；另外就是处于飞速发展行业的公司。

罗伯特·威尔逊的空头头寸可以分为三类。第一，如果他觉得通过经纪人和其他投资者的过度炒作，公司股价被抬高，超出了理性投资者应该支付的价格，那么他就会做空这些公司。第二，如果公司经营得很好，但他认为承受不住竞争的压力，利润率和利润因此会被压低，那么他也会做空这类公司。第三，如果他认为公司问题严重，有可能破产，进而把股价压低到零的话，那么他也会做空。

本金变巨款

威尔逊的策略虽然风险极高，但却大获成功，这种结果可能他自己亦都未曾预料到。在1958年开始涉足股市时，他投资了 1.5 万美元。在 1986 年，其投资组合的价值达到 2.3 亿美元，年均回报率为 40%。这是因为 1958—1960 年，他的净资产增长了 10 倍，而且很明显是他把工作薪资投入到投资组合当中（导致数据进一步失实），因此投资组合的价值大为提高。尽管如此，即便不考虑头两年价值的蹿升，过去 26 年的年均回报率为 32.6%，仍然是非常出色的，特别是考虑到 20 世纪六七十年代，股票市场数度下跌。

从 1986 年起，他的资产净值从 2.3 亿美元增加到 2000 年的 8 亿美元。5.3% 的年均回报，反映出获利水平并不高，而且凸显聘用外部基金经理会引发其他问题。然而，当时他已经开始将财富捐赠给各种慈善机构，也就是说他必须从自己积累的资本中掏钱。总的来说，他最初投资的 1.5 万美元在 42 年内增长到了 8 亿美元，净资产增长率略低于 30%，而同期标准普尔 500 指数的年均回报率为 12.9%。

长线和短线投资双双获胜

早期电脑公司 Datapoint 是威尔逊主要的长线投资之一。该公司的产品，即计算机终端和早期个人电脑，其技术远远优于当时业界的水平，而且对使用的公司而言更加方便，这点吸引了威尔逊。他认为，这种技术优势意味着 Datapoint 有很大的发展空间。事实证明他的想法是正确的，尽管在他涉足之前，股票已经大幅上涨，但从 1969 年到 1982 年，他仍然获得了 14 倍的回报。

入股餐馆连锁店丹尼斯（Denny's）是他的另一项成功的长线投资。威尔逊认为，麦当劳的成功表明快餐的需求量巨大。他还喜欢的一点就是，丹尼斯采用了非常相似的特许经营战略，同时还找到了一条出路，即瞄准特定的市场领域（咖啡和早餐，而非汉堡和薯条），因此不会与麦当劳直接竞争。更重要的是，丹尼斯名气没那么大，所以股价更加便宜。威尔逊在 20 世纪 60 年代买了这只股票，从中大赚一笔。

20 世纪 70 年代后期，石油价格飙升，在 1980 年初达到峰值，每桶价格略低于 40 美元（通胀调整后约 115 美元/桶）。因此，石油公司的股票价值也大幅上涨。威尔逊认为，油价上涨无法持续，许多经营很差的石油公司极易受原油价格下跌的影响。1980年底，他做空了许多石油公司。20世纪80年代中期，石油价格回落至10美元/桶左右，威尔逊做空的公司很多以破产告终。

在大西洋城被压到空仓

尽管威尔逊取得了成功，但人们记忆最深的当属他犯下的少数失误之一：1976—1978年，他决定做空酒店与赌场连锁集团度假国际（Resorts International）。威尔逊做这个决定，是因为他觉得连锁酒店运营不佳，而且可能抬高了收益。该集团决定在大西洋城开设赌场，让他更觉得股价会下跌，因为在他看来，很少有人会前往这个气候相对寒冷多雨的小镇。更讽刺的是，他认为，打击有组织犯罪的监管行动将导致赌场难以收回赌债。

然而，投资者和他意见相左，把股价从每股8美元推到了每股20美元左右。而且，事实证明，赌场的开设获得了巨大的成功，因为赌客能够利用赌场与纽约之间距离近的优势（相比之下，前往拉斯维加斯则要长途飞行）。到了 1978 年 6 月，股价达到了 80 美元。威尔逊在亏损的情况下买回了一些股票，但却仍然继续持有大空头头寸，理由是股价太高了，未来会回落。

然而，他预言亏损的消息传遍了华尔街，投资者开始"轧空"。在这种情况下，人们会购买被大量做空的股票，期望由此导致的价格上涨迫使空头补仓，反过来推动价格进一步上涨。

威尔逊此时度长假去了，事态变得更为复杂，因此他度假回来后，发现经纪人给他发了消息，敦促他补仓。后来经纪人表示，除非威尔逊平仓，否则他们不再向他提供更多信贷。他被迫做出让步，以每股 187 美元的价格把其余头寸平仓。最终亏损总计超过 2400 万美元。但是，由于多头头寸表现出色，当年他仅仅损失了 1400 万美元。

世界第八大奇迹

几乎所有专家都认为，对于普通投资者来说，无论策略如何，杠杆过高都会是一个非常糟糕的现象。然而，威尔逊的成就表明，卖空可以用来产生回报，而不只是简单地对冲市场上扬。事实上，得克萨斯州A&M大学的费哈特·阿卡巴斯（Ferhart Akbas）在2008年的一项研究里指出，大量做空的股票的表现往往会比整体市场更差。这表明做空者通常都极为精明老练。当然，他们之所以很优秀，是因为他们不想最后损失惨重的话，就必须要有最出色的表现。

威尔逊做空度假国际的经历表明，即使是最优秀的做空者，偶尔也会惨败，可能是因为市场无法预测，可能是因为最初的想法不对，抑或是两个原因都有。事实上，在某些情况下，做空造成的损失额可能是初始投资额的几倍。

同样值得注意的是，威尔逊的大部分投资理念，最初都来自他日常打交道的众多经纪人。然而，他自己会接着做研究和分析，以确定这些理念是继续执行下去，还是忽略掉，甚至是背道而行。

最后，经过较长时间威尔逊能够把本金变成难以想象的财富，证明了复利的威力。正如阿尔伯特·爱因斯坦所说的那样，"复利是世界第八大奇迹。懂的人就挣复利，不懂的人就支付复利。"事实上，即便威尔逊没有那么成功，只能够做市场的跟随者，但是他在 1958 年投资 1.5 万美元，到 2000 年达到资产净值 8 亿美元，收入也是非常可观的。

罗伯特·威尔逊的投资生涯

表现 ★★★★★

威尔逊早期利用杠杆时导致自己血本无归。管理对冲基金的时光也让他感觉不愉快,尽管如此他最终还是帮自己的投资客户赚到了钱。虽然他有可能把自己在华尔街挣的薪资加到了投资金额上,但是能把1.5万美元变成8亿美元的确是件了不起的事情。

长期性 ★★★★★

威尔逊活跃于投资交易界超过25年,过去四十多年都在努力积累财富。

影响力 ★★

尽管取得了巨大的成功,可威尔逊仍然常常被人忽视。即使在今天,他最为人熟知的还是他在度假国际的交易中输了钱。

模仿的难易程度 ★★

做空和使用高杠杆都是风险极高的策略,因此不推荐给普通投资者。威尔逊不得不放弃工作,转而专注于投资,这表明要成功实施这样的战略,需要倾注大量心血。

总体评分:14 ★ (满分20 ★)

第十七堂课　量化投资

爱德华·索普

痴迷赌博的数学家利用数学天赋变身股市操盘手

过去30年里，金融领域的"宽客"，即"火箭科学家"的人数激增。这些人通常具有科学、数学或统计学天赋，专于分析以往的海量数据，从而找到市场异象。然后他们设计计算机程序，自动分析这些异象，不需要进一步的人为干预。支持者认为，这种投资方法更依赖证据，也更为客观，而传统选股依赖的是可能已经过时的常理，以及人的主观判断。

与此相反，批评的声音则认为，要是观察大量数据，很可能会发现一些明显的异象，即使异象实际上并不存在。事实上，即使确实曾经存在过，你也不能保证异象会继续存在着，尤其是如果其他人也在搜寻异象的话。反对者还指出,许多科学家和数学家认为,筛选财务数据的工作很枯燥,尤其是与更加尖端的金融研究相比较的话。因此,最终投身华尔街的,是那些无法在别处获得更高声望、给予他人启发的人士。

即使智力超群、异象也真实存在,数学模型的使用也可能导致过度自信。对冲基金长期资本管理公司(LTCM)便是一个经典案例。LTCM创立于1994年,创始人是所罗门兄弟银行的债券交易部前主管和两位诺贝尔经济学奖得主。最初公司靠自动化债券交易,使用大量杠杆挣得盆满钵满。然而,1998年俄罗斯债务违约,之后引发市场紊乱,导致LTCM几近破产,美联储不得不进行紧急财政援助。

尽管遭遇诟病,但量化投资革命不可能大幅逆转。事实上,你可以认为,火箭科学家面临的最大威胁不是传统选股人士或监管机构,而是人工智能的发展。一些对冲基金,例如生信科技公司(Sentient Technologies)目前已在设计能够自动研发投资策略的程序,从而淘汰掉宽客。在这个进程中发挥关键作用的人物有好几个,而爱德华·索普则是系统使用量化策略的首批投资家之一。

21 点纸牌玩家变身股市操盘手

爱德华·索普 1932 年出生于芝加哥。他和家人后来搬到了加利福尼亚的洛米塔。由于化学和物理成绩优异,他获得了加州大学伯克利分校的奖学金。后来他转学去了加州大学洛杉矶分校,完成了本科学习。拿到化学学位后,他开始攻读数学硕士学位,1958 年获得博士学位。与此同时,一次拉斯维加斯之旅激起了他对 21 点纸牌游戏的兴趣。在麻省理工学院从事博士后研究时,他发现如果调整策略,把洗过的牌纳入考虑范围,那就有可能比赌场要略胜一筹。

索普 1961 年发表了研究结果,大获好评也备受关注。虽然业界很多人仍然对是否能持续战胜赌场表示怀疑,但有几位投资人士主动提出出资支持他的想法。随后索普和伙伴一同前往拉斯维加斯,他们很快发现自己被大多数赌场禁止入内,但他们还是赢了很多钱(索普称在他玩牌时,有一家赌场试图在他的饮料里下药，甚至对他的汽车油门动手脚）。

在 1962 年底出版的畅销书《战胜庄家》中，索普详细介绍了他的策略。这本书鼓动了众多赌徒纷纷效仿。虽然算牌仍视为合法，但赌场可以采取多种对策来对付任何可疑的算牌手。例如，改变游戏规则，让投注赔率对赌场更有利（例如降低某些赌注的支付金额），目的是禁止可疑的算牌手进入他们的赌场。

索普企图打破的不仅仅是 21 点的游戏规则。在麻省理工学院学习期间，他设计了一台机器，能够预测珠子可能落在轮盘哪个区域。问题是，虽然一开始去拉斯维加斯试验时，机器运作良好，能够持续产生利润，但缺点是很容易坏。最终他认为，要进一步改良机器的话，会耗费太多时间。因此，他放弃了这个项目，但此前他研发了另一台设备，被许多计算机科学家视为第一台可穿戴式电脑。

在 20 世纪 60 年代中期，索普将注意力转向了股市。一开始，他阅读本杰明·格雷厄姆的《证券分析》以及一些有关技术分析和制图的书籍，尝试着遵循现成的投资策略。不过，鉴于自己早期阶段的股市投资，他深信自己需要采取更科学、更系统的策略。期权市场吸引了他的注意力，他后来找到了持续赢钱的方法。1966年他在加州大学欧文分校担任数学教授，其间在他的畅销书《战胜市场》中详细介绍了他的策略。

一开始，索普只为好友、大学同事以及投资爱好者管理资金。然而，他跟当时正在清空基金的沃伦·巴菲特会面后，正式把各种账户转变为对冲基金。因此，他跟布彻-谢勒德公司（Butcher & Sherrerd）的股票经纪人杰伊·里根一道，成立了可转换对冲合作基金（后来的普林斯顿-新港合股）。普林斯顿-新港合股（P/NP）属于第一批量化对冲基金，从1969年运营至1989年。当时，垃圾债券投资家和内部交易员迈克尔·米尔肯饱受争议，而普林斯顿-新港合股办事处的两名高管据称协助他隐瞒了他在一家公司的股票所有权，因此普林斯顿-新港合股最终停止营业。虽然判决最后不予受理，索普的业务并没有涉嫌其中，但他还是决定和里根分道扬镳。经以前的投资者说服，他建立了第二只基金山脊线合伙公司（Ridgeline Partners）。该基金从1994年开始运作了八年。从1992年到2002年的十年里，索普还为一家大公司运营管理账户。

20世纪90年代，索普继续参与各种项目，包括担任自由投资顾问。本书撰写之际，他在参与数个生物技术项目，其中一项是让角膜在移植前存放时间更长。

投资系统化、科学化

索普最初关注的是认股权证，并制定了一种能够准确给认证股权定价的方法。认证股权是一种长期看涨期权，购买者凭此可以以固定价格买入股票。进一步的研究显示，认证股权经常被市场高估。因此，通过把估价高得最离谱的权证做空，同时购买股票以限制其下行风险，索普得以持续获利。在少数情况下，认股权证定价过低，他就会反其道而行之：买入认股权证、做空股票。

在接下来的20年里，普林斯顿－新港合股在其他市场寻找类似的机会，首先瞄准了可转换债券（一旦达到一定价格就可以转换成股票的债券）。该基金还参与配对交易，即找到同一行业中往往相关性较高但暂时背离的股票；然后，买入表现差的股票，同时卖出飙升的股票，凭此打赌股票会再次趋于一致。还有一种策略则是利用黄金期货在不同日期交割时的差价。在20世纪80年代早期，商品市场波动较大，这种策略十分流行。

另一个重要的方法，索普称之为"统计套利"。索普算出了各种指标（如价格动量和市盈率）对未来回报的影响。然后，他利用这些发现设计了计算机程序，不仅可以将股票按照吸引程度排序，还可以自动购买模型认为会表现良好的股票、做空经营得不好的股票。这种对冲法确保了回报不会取决于整体市场的走向。

这些策略都不足为奇。可转换套利已有几十年的历史——在19世纪早期，大卫·李嘉图就用到了非常原始的配对交易形式。购买股票时，选择比市盈率和账面价值低的股票——这个策略，尤其是自1948年《聪明的投资者》出版以来，也有了很久的历史。然而，索普是用计算机来发现时机，然后自动执行大量的交易，也就是说，比起其他基金投资，普林斯顿－新港合股的投资更加系统化。

当然，普林斯顿－新港合股也保留了人为斟酌这个因素。该基金聘用了所罗门兄弟投资银行的债券交易专家，并对认为做得非常出色的其他对冲基金进行投资。这些方法转过来转过去，还是老旧的赚钱方法，虽然普遍行之有效，但索普最终认为，客观的数据型投资效果更佳，也避免了因管理人数较多而压力很大，因为不同的人对市场的看法可能会截然不同。因此，索普后来成立的山脊线合伙公司和管理账户等基金几乎完全是依赖计算机生成的投资决策。

高回报，低风险

普林斯顿－新港合股历经 20 年，大获成功。虽然经政府调查，基金被法院起诉，由此导致基金停业和清盘，但在整个运营期间回报十分丰厚。普林斯顿－新港合股在 1969 年 11 月成立时，如果投资 1000 美元，到 1988 年 12 月停业并清理资产时，就能获得 1.392 万美元。相当于基金年均净回报率为 15.1%，而标准普尔 500 指数则为 10.2%。这样的业绩令人惊叹，而基金的表现相比市场而言，波动程度小得多，任何一年当中都没出现过负回报率，即便是在 1974 年市场下跌 26.5% 的时候。

索普在 1992 年至 2002 年间运营的管理账户更加出色，十年里回报率达 18.2%，而整个市场仅为 7.8%。也就是说，向该基金投资 1 万美元，最后能获得 5.48 万美元。虽然都是总的数字——因为要收费，实际上投资者收益要更少——账户产生收益的时候波动性要小得多。事实上，索普声称，账户的风险要低得多，如果你考虑到这个的话，你会发现账户的整体表现比市场好五倍。

其他优质投资

普林斯顿-新港合股由于投资风格系统化，因此不可能找到回报特别丰厚的单个交易，但是，索普做成了好几笔优质投资。从 1982 年起，他用大笔资金买入沃伦·巴菲特的伯克希尔股票，还把股票推荐给了他的朋友。他发现互助储蓄和贷款协会的存款人有很好的机会能够以优惠的价格获得大量的股票配置，因此公司考虑要转为公众性质（即上市）时，索普和他的儿子就投入大笔资金；一旦上市完成并且股票也买到了，索普和儿子就撤资，借此父子俩赚到了一大笔钱。

作为投资顾问，索普应邀稽查伯尼·麦道夫对冲基金当中一位投资者的业绩记录，基金当时看起来回报丰厚、风险几乎为零，因此越发引人怀疑。索普进一步核查，发现查伯尼·麦道夫声称进行的期权交易数量与公开记录中的交易量差额巨大。然而，虽然他的结论正确——查伯尼·麦道夫在玩庞氏骗局，最后他的客户也抛弃了该基金，但其他客户却无视他的警告。直到18年后，即2008年12月，查伯尼·麦道夫才向当局自首，并承认整个事件是一个骗局。

如何模仿索普的策略

要想直接效仿索普，你需要提高数学和计算机编程技能。没有数学天赋的人仍然可以通过投资"智慧型"ETF基金来进行效仿。这种基金战胜市场是靠遵循特定的投资策略，比如价值投资。然而，与传统基金不同的是，"智慧型"ETF基金的方式更加系统化，不依靠人力决策。虽然比不太专业的ETF更贵，但它们比主动型基金更便宜。

即使你倾向于更加定性的投资策略，索普对风险管理的态度也能让你大有收获。他不仅主张要保证下行风险具有下限、不要使用过多杠杆，而且他非常喜欢凯利公式，该公式用于决定每笔赌注（或投资）应下注多少资金。基本的理念就是，你的风险取决于两个因素：投资的感知风险和预期回报。总之，只有当你确定自己有优势时才下大赌注。实际上，这个方法相当于把价值投资的"安全边际"稍稍复杂化。

爱德华·索普的投资生涯

表现 ★★★★★

索普的资金和私人投资都曾大幅战胜了市场。

长期性 ★★★★★

20世纪60年代末,索普对期权交易进行调研,由此开始对股市产生兴趣。他投身各种基金长达30多年。

影响力 ★★★★

索普在触发量化革命方面发挥了重要作用,由此银行和基金聘用技能娴熟的数学家和科学家,通过电脑发现并利用市场异象。

模仿的难易程度 ★★

发现有利可图的异象并非易事,需要时间和一定的数学能力。在很多情况下,显而易见的异象要么利用成本过高(从交易成本来看),要么只是个统计幻象。数个智能型ETF基金虽然已经设立,以利用一些更为基本的异象(例如市账率低的股票一直表现出色),但是颇具争议。

总体评分:16 ★(满分20 ★)

第十八堂课　随机应变

约翰·梅纳德·凯恩斯

投资者需要知道如何正确理财，不要死守失败的策略

即使你不是经济学家，你很可能也会对约翰·梅纳德·凯恩斯有所了解。他的经济理论在战后早期风靡一时。20世纪70年代末之后，他的理论变得不合时宜，但后来又再次流行。众所周知，凯恩斯对金融市场的评价颇为苛刻，他指出："当一个国家的资本发展成为赌场活动的副产品时，事态就可能变得非常糟糕。"除了支持征收交易税以遏制投机之外，他甚至还半带严肃地建议政府"让投资购买就像婚姻一样永久下去、不可解除"。

对于能否战胜市场这个问题，凯恩斯持怀疑态度。他认为"根据真正的长线预期进行投资，在如今看来非常困难，几乎不切实

际"。事实上，他指出，"无论投资基金是由委员会、董事会，还是银行来管理，在实际操作当中，受到批评最多的正是长期投资者"。在理财界，拒绝随波逐流的人，如果成功了，会被认为"行为古怪的、不守常规以及鲁莽行事"；如果失败了，就别指望一丁点的同情。在伦敦金融区和华尔街，"就声誉而言，遵循传统惯例而失败要好过违背传统惯例而成功"。

鉴于这样的言辞，你可能会觉得一说到实际的金融时，凯恩斯就是一个典型的淡薄功利的老学究，总与股票、债券等金融工具保持尽可能远的距离。事实上，他是从经验的角度来发表言论的：他成年后，大部分时间都花在了为自己、他人和机构理财上。更重要的是，从他屡屡失败但最终获得了成功的故事当中，普通投资者可以获得很多启示。

学术与赚钱相结合

凯恩斯于 1883 年在剑桥出生。他获得过伊顿公学的奖学金，之后进入剑桥大学攻读数学。1904 年毕业后，他又花了两年时间学习研究生课程，主要是哲学。虽然他后来名声大噪，但他只正式学习过一个学期的经济学。他在印度行政参事会（该机构通过伦敦总部来管理印度）工作了两年，但因为觉得自己影响力不大，心情沮丧，于是他辞职并回到剑桥，继续从事学术研究（起初得到了父亲的支持）。他的目的是专心学习概率论。1909年，他发表了个人首篇经济学论文，同年被聘为讲师。

从1914年到1919年，凯恩斯发挥了重要作用，就英国政府应如何资助战事献计献策。由于角色重要，他得以以英国财政部代表的身份出席部分巴黎和会（和会经讨论达成了战后协议），并出席了其他关于战后如何处置德国的会议。德国应该支付多少战争赔款的问题激怒了他，促使他撰写了《和约的经济后果》，准确预测了未来20年内发生冲突的风险会加大。虽然该书丝毫没影响到整个政策，但却瞬间脱销，让凯恩斯成了重要的公众人物，同时也让他大赚一笔。

凯恩斯回到了剑桥，之后的20年奉献给了学术界。1920年至1939年，他出版了一系列著作，特别是《货币改革论》（1923年）、《货币论》（1930年）、《繁荣之道》（1933年）和《就业、利息和货币通论》（1936年）。所有这些作品一致认为，财政政策（以及货币政策的某些观点，如利率）对经济中的产出和就业水平会产生实实在在的影响，而人们普遍认为实际影响微乎其微。他认为，政府因此要积极利用这种政策，在失业率居高不下时刺激经济，从而将经济周期平滑化。

这20年间，凯恩斯不仅投身学术，同时还积极参与投资管理。他参与了几个养老基金和伦敦金融中心信托的管理工作，其中包括他自己在20世纪20年代建立的三个基金：独立投资公司、A.D.投资信托公司和P.R.财务公司。他还在国家互助人寿保险协会和地方保险公司担任重要的投资顾问，但在这两个机构里，他所做的决定都必须要经过委员会批准。

凯恩斯也会为自己和朋友做投机买卖。事实上，早在第一次世界大战以前，他就一直在给自己的账户买卖股票。他的首个有记录的投机买卖是在1905年。战后出版商支付给他版税、布卢姆茨伯里圈子提供的资金，甚至银行家厄内斯特·卡塞尔爵士还给他贷款，因此他在20世纪二三十年代得以在货币市场进行更激进的投机活动。

凯恩斯的理财生涯中，历时最长的当属他给剑桥大学国王学院担任财务主管。1921年上任后不久，他说服了受托人拆分以前只用于投资于房地产的捐赠基金，这给了他比较自由的支配权，用自己喜欢的方式进行投资。实际上，这也就是说他主要投资股票，偶尔接触商品期货和外汇期货。他一直管理这个投资组合，历时25年，直到1946年去世。

第二次世界大战期间，凯恩斯再次发挥一战时的作用，为政府应如何支付战时支出献计献策。1944年的布雷顿森林会议确定了战后金融体系，包括创立国际货币基金组织，他在其中也发挥了关键作用。战争结束后，他在生命的最后几个月里，说服美国援助英国重建，重组战时贷款、延长还款时间以及以优惠的利率预支新的款项。

从资产配置转为挑选股票

起初凯恩斯认为，他的专长在于他了解宏观经济。因此，他专注于货币和大宗商品市场，利用杠杆来提高潜在回报，尤其是私人账户的回报。这种投机法用在国王学院的捐赠基金上并不妥当。他采用的方法在如今被称为资产配置策略：当他认为经济会好转，他就增加股票投资额；如果预料到经济会衰退，他就会减少所承担的股票风险（他承担的整体股票风险要远高于当时其他类似的捐款基金风险，而捐款基金认为股票风险过高）。

然而，在1932年左右，这种策略令他大失所望，他转而寻找他认为被低估的个股，无论其整体经济状况如何。他跟大西洋彼岸的本杰明·格雷厄姆一样，特别关注售价低于资产价值的公司。戴维·钱伯斯和埃尔罗伊·迪姆森表示，凯恩斯在20世纪30年代初转变策略后，逆势而为之，更倾向于购买价格出现下跌的公司的股票。

操盘表现一般但选股能力出众

凯恩斯的投机买卖依靠运气。他早期（1919—1920年）对法郎、里拉和德国马克进行杠杆投注，赚了一大笔钱，也鼓动他的朋友一道投资。然而，1920年初，交易暂时变得对他不利，这是由于他使用了高杠杆，结果输掉了所有的资金。而他布卢姆茨伯里的圈中好友，因为被他早先的成功吸引而给他提供了资金，这时也输了个精光。接着他从金融家那里拿到了5000英镑的贷款，进行类似的头寸交易，从而偿还了债务，最终财富累计相当于2015年价格的110万英镑。然而，在1929年，华尔街爆发股灾，他的个人账户再次输个精光。

他的投资公司做得也不好。A.D.投资信托也因华尔街股灾受到重创，但凯恩斯至少判断力不错，两年前就卖掉了持有的公司股权，所以对他来说，这至少算是一项成功。1927年他就不再参与投资决策，所以严格来说，公司的失败不能怪他。P.R.财务公司也遭遇重创，但由于股灾之后，他将重点转向了股息支付型股票，因此公司能够不断增长，最终得以让投资者回本，当时所有投资基金都不敢保证这一点。

如果说凯恩斯试图投机的结果确实好坏参半，那么他管理国王学院捐赠基金的事业则顺风顺水得多。从他1921年上任到1946年初去世的25年间，可自行决定的那部分捐赠基金年均回报率为14.41%，而整个股市仅为8.96%。这相当于1万英镑的投资转变为 28.9283 万英镑，而股市仅转变为 8.551 万英镑。基金受限的部分则表现相对低迷，因此整个捐赠基金（房地产除外）的表现只是比股市好一点，即便如此，捐赠基金的波动性还是要低得多。

有趣的是，凯恩斯在 1932 年至 1946 年的业绩远比 1921 年至 1932 年的业绩要好。在头 11 年使用资产配置策略时，全权委托投资组合的年均回报率为 10.1%，而市场年均回报率为 8.3%。然而，随后的 14 年里，他专注于购买廉价股，全权委托投资组合每年增长 17.9%，整体市场股票增长 9.6%，两者拉开了更大的差距。换句话说，凯恩斯还是市场择时专家时，在 20 年代和 30 年代初的这 11 年中，有 4 年落后于市场，但是当他转变为选股专家时，14 年里有 12 年战胜了市场。

着眼金矿股和汽车公司

金矿企业联合公司（Union Corporation）是凯恩斯最大也最成功的投资之一。他在 1933 年买入这家公司的股票，涉足南非金矿企业。他的理由是,这些公司的收入与黄金价格挂钩,但成本(主要是工资)则与货币兰特挂钩,因此南非如果决定货币贬值,利润就会提高,从而股票价值也会提高。事实证明正是如此,联合公司的股票价值飙升。

然而,凯恩斯并没抛售这只股票,而是边盈利边坚定持有,直到他1946年去世。这是因为他认为股票仍被低估,因为交易价居然比资产价值低三分之一。更重要的是,许多资产都是流动性证券的形式,如果股票被分割,这些资产就可以很容易地抛售出去。在写给朋友的信中,他对联合公司的管理质量也大有信心。英国汽车制造商奥斯汀汽车公司是他喜欢的另一只股票,帮助他在20世纪30年代大赚了一笔。他选择这家公司的理由跟联合公司一样,是因为他觉得其价值相对较好。在这个案例当中,吸引他的是公司的收益率高(即市盈率低),特别是跟其他汽车公司相比。事实上,他通过计算发现,如果把奥斯汀销售的汽车数量与其市值相比较的话,公司的交易价格约为美国竞争对手通用汽车的2/3。

随机应变很重要

凯恩斯投机买卖的履历糟糕透顶，更是证明了很难根据短期价格走势在市场上赚钱。尽管他对经济学有所了解，并且后来对市场的整体走向预测正确，但由于他决定使用高杠杆，因此市场方向要是短期内发生变化，他就容易受到冲击。这再次证明预测正确是不够的，你还需要知道如何正确地理财，以免问题突然出现时就输个精光。

人们认为凯恩斯说过"市场保持非理性状态的时间可能比你保持有偿付能力的时间更长"，但几乎可以肯定的是他没有说过这句话。然而，更为有力的证据表明，他确实说过"在非理性世界中采取理性投资政策是最危险的事情"（但他在20世纪30年代初期改变战略后，确实奉行了这项政策）。无论如何，几乎没人能够对他《通论》中的观点提出异议——"投资者要是打算无视近期市场波动的话，就需要更多安全资源，同时不要大规模操盘，真要大规模操盘的话就进行贷款"。

凯恩斯为国王学院的捐赠基金担任投资组合经理时，头十年里都遵循自上而下的资产配置策略，然而回报也很一般。资金进出市场的问题在于，从中长期看，股票的表现通常都比债券和大宗商品等风险较低的资产要更加出色，因此这种配置策略一定要有非常好的效果，才能够解决这种问题。凯恩斯后来转而采用了更加简单的策略，把全部精力放在寻找价值最合理、时机最佳的股票上，自此之后回报率大大提高。

这也给了我们一个更大的启示，那就是随机应变非常重要。只是因为一项策略无法立即奏效，或者事态只是暂时恶化就放弃这项战略，这并不是明智之举，但是，如果这项策略失败了，那就不要死守不放，毕竟，有些人的气质或能力决定了他们不适合此种工作，而适合彼种工作。从这个意义上说，凯恩斯承认自己操盘做得不好，转而专注于寻找廉价股，这是他在整个职业生涯中做出的最佳决定。

约翰·梅纳德·凯恩斯的投资生涯

表现 ★★★★

作为剑桥大学国王学院的财务主管,凯恩斯的股本投资大幅度战胜了市场,尤其在1932年以后。但是,他的投机买卖业绩则好坏参半。

长期性 ★★★★★

凯恩斯为国王学院管理投资长达25年,同时他也投资其他相关企业。

影响力 ★★

虽然凯恩斯的经济学研究对公共政策影响重大,但他在投资领域的影响力要小得多。虽然他做得最成功的是价值投资,但他最为人们熟知的是他把股市比作选美。

模仿的难易程度 ★★★

正如他经过一番困苦才了解到的那样,以高杠杆涉足货币交易并不适合私人投资者。投资者更容易效仿的是他购买被低估股票的明智之举。

总体评价 14★(满分20★)

第十九堂课　指数投资

约翰·伯格

无为而治，变主动为被动，用最少的投入赢取最大的收益

到目前为止，我们所谈到的投资家，在经过较长的一段时间后，都得到了丰厚的回报（即使少数个案损失惨重）。但事实是，这样的投资经理为数不多。美银美林集团汇编的数据发现，在2016年，美国大盘基金经理人当中，只有1/5的人战胜了指数。长期来看，情况更加糟糕。事实上，标准普尔的研究发现，2006年至2016年的10年间，主动管理的美国基金中，未能战胜指数的高达99%。

这些失败促使监管机构加大力度，监管共同基金的收费（最近英国的由英国金融行为监管局进行监管）。然而，看起来市场

已经在自行处理这个问题了,因为在过去的 15 年中,出现了由指数追踪型基金而被动管理的资金,其数量出现了爆炸性增长。晨星公司称,在美国,1/3 的共同基金都是以这种方式来管理资金的,专家认为这一比例将继续扩大。有一位人士理应被称誉为该行业的创始人,他就是约翰·伯格。

由共同基金的反对者转为拥护者

约翰·伯格出生于新泽西州的维罗纳,正好是在华尔街股灾前几个月,而股灾导致其家族财产分文不剩。他在普林斯顿大学成绩优异,获得了经济学学位。在阅读了与麻省投资者信托(首批共同基金之一)有关的文章之后,他对这个行业有了浓厚的兴趣,并撰写了与该主题相关的论文。他强烈批评这个行业,认为基金收费过高、过于专注于市场营销,而且长期来看会难以战胜市场,他后来也提出了类似的论断。

具有讽刺意味的是,因为这篇论文,伯格在威灵顿管理公司找到了工作。公司管理着当时最大的共同基金之一:威灵顿基金。

伯格于1951年受聘，最初负责报告撰写和管理工作、公共关系和营销的相关工作，但到了1955年，他成了老板瓦尔特·摩根的助手。这让他有机会全面参与威灵顿业务，并让他成为头号人物，说服摩根让威灵顿公司提供一只专做股票交易的基金，因为主基金要分割成几个资产类别。

威灵顿股票基金发起于1958年并且取得了成功，基金的第二任投资组合经理约翰·内夫凭借自身能力，成了传奇人物。但是，公司仍一直落后于竞争对手。伯格认为最好的办法就是把威灵顿与另一家投资管理公司TDPL合并。虽然目标同样是打入利润丰厚的养老基金市场，但主要原因是成长股风靡一时，而TDPL因积极投资成长股而名声大噪，威灵顿渴望从中获益。

起初进展顺利，威灵顿增加了基金数量。因此，在摩根退休后，伯格出任威灵顿董事长。然而，20世纪70年代初的股市崩盘给公司造成了沉重的打击，也大大冲击了成长股。与此同时，各合作人之间的关系恶化，以至于他们让伯格要么立马离开公司，要么就退出管理职位。

经过几次董事会会议后，他们设计了一个妥协方案。伯格不再担任董事长，但威灵顿管理公司继续为这些基金提供投资建议（直到今天仍是如此）。但除了这点之外，这些基金在其他方面都脱离了威灵顿。伯格得以成立自己的部门，命名为先锋集团，最初的目的是提供行政支持。从 1975 年先锋集团创立，到他 1999 年退休，伯格一直都担任部门的董事长。

买下镖靶

伯格很反对经理能够战胜股市的观点，他以往在普林斯顿大学的研究也同样流露出反对态度。与此同时，越来越多的学者支持"有效市场假说"。假说认为，股票价格完全反映了所有可以获取的信息，任何人，无论是通过观察过去的价格走势，还是对未来进行预测，都不可能持续战胜市场。唯一的例外就是获取到了一些内幕消息，当然这是违法行为。

麻省理工学院的保罗·萨缪尔森进一步发展了该理论。1974 年，他在《投资组合管理杂志》上发表了题为"投资判断的挑战"的文章。在这篇著名的文章里，他说到基金经理的糟糕业绩表明

"一些大型基金会应该建立一个追踪标准普尔500指数的内部投资组合"。萨缪尔森甚至呼吁美国经济学会（为经济学者设立的学会）也这样做，但他坦言，"在2万名经济学家里头比在2万名脊椎治疗师里头发掘的超额财富要更少"。

萨缪尔森并不是唯一一个提出这个观点的人。普林斯顿大学的波顿·麦基尔在他的畅销书《漫步华尔街》（1973年首次出版）中指出，"猴子被蒙住眼睛，对着报纸的财经版扔飞镖来选股，它的表现都比大多数选股人要好，因此最好就是买下整个镖靶"。

伯格是直到成立基金之后才读了这本书。麦基尔后来成了先锋集团董事会成员。无论什么时候，伯格都对萨缪尔森的文章深信不疑，因而用该文章说服了先锋集团的董事推出一只指数基金，追踪标准普尔500指数。该基金被称为第一指数投资信托基金（现在的先锋500指数基金）。由于不是主动式管理基金，因此伯格能够反驳说该基金没有违反协议，先锋公司还是继续负责管理，也不干涉投资咨询业务。

对手由嘲笑转为效仿

第一指数投资信托遭遇了很多业内阻力。很多华尔街人士都不喜欢伯格对这个行业拐弯抹角的批评，因此称该基金为"伯格的蠢念头"。比较典型的就是当时的富达董事长爱德华·约翰逊所作的表态："我不相信众多的投资者只要寻求到平均回报就心满意足了。"另一位基金经理称指数化为"找寻普通回报的途径"。几位匿名经纪人分发了海报，其中一张上面写着："反美的指数基金。"另一张海报反问道："二流的脑外科医生会让您满意吗？"这也许是最极端的回应了。

鉴于这样的态度，也不难想到基金在1976年8月公开募股时的惨淡无比。因为知名的投资银行和经纪商给予了支持，伯格和同事预期能够筹集1.5亿美元（相当于2015年的6.24亿美元），然而，他们只筹集到1140万美元的投资额。这促使公开募股的组织者建议伯格选择放弃。但是伯格拒绝了。1140万美元不足以买下标准普尔500指数的所有股票，为解决这个问题，在不产生高昂交易成本的情况下，该基金决定购买具有代表性的股票样本，从而能够密切跟踪标普500指数（之后基金发展壮大，足以买入该指数的全部成分股）。

基金起步跌宕起伏，这样的状况一直持续着。经过六年多的时间，加上与一只主动式资产管理基金合并，募集的金额才达到1亿美元。但是，到1987年，指数化资金达到了10亿美元。与此同时，其他公司慢慢开始效仿先锋集团：富国银行和富达分别于1984年和1991年推出自家第一个指数基金进行竞争。目前先锋500指数基金拥有投资额264亿美元，而据估计，近10万亿美元资产都是被动管理式资产。

被动投资是否有效？

正如标准普尔研究指出的那样，在过去的十年里，普通指数基金的表现比几乎所有主动式管理基金都要出色。然而，主动型基金的支持者认为，事实并非总是如此，甚至先锋集团也承认，有些时候主动管理战胜了被动管理。例如，先锋集团在2014年发表的论文里指出，在1990—2000年，只有29%的美国基金经理战胜了市场，但在 1999—2009 年，这一比例增加到 63%。这表明虽然指数化对牛市来说是最佳方案，但当市场呆滞或下跌时，主动管理可增加股票价值。

但是，从长远来看，证据表明被动型基金通常表现更好。《华尔街日报》利用沃顿研究数据服务平台（Wharton Research Data Services）的数据开展了一项调查，发现过去 25 年里，只有 20% 的主动型大公司基金战胜了标准普尔 500 指数。同样，先锋公司自身的数据表明，只有 20%~25% 的主动型基金经过较长的时间战胜了标普 500 指数。总体而言，晨星公司被动型基金研究部主任本·约翰逊（Ben Johnson）提供的数据表明，过去 40 年里，把收费纳入考虑之后，先锋 500 指数基金每年以平均 0.5% 左右的幅度战胜了美国大盘主动型基金。每年 50 个基点看起来可能不算多，但却意味着 1976 年 8 月向先锋集团投资 1 万美元，最后会获得 65.2 万美元，而投资主动型基金只获得 54.9 万美元。

令人难过还是释然？

某种程度上来讲，大多数基金经理无法战胜市场，这让人感到难过。毕竟，如果专业人士都做不了的事，普通投资者又有什么希望成功呢？但是，你可以换句话说，你不必争取丰厚的回报，从而比大多数专业人士更加出色。事实上，如果不想花时间调研股票，或通过筛选来寻找星级基金，那只需投资低成本指数基金就可以获得相当不错的回报。你也可以通过ETF基金，把被动和主动投资结合起来。这些专门的指数基金像股票一样会在股市上交易，所以你可以使用指数基金，投注特定的国家或行业（但由于这样的基金鼓动人们投机，所以伯格自己并不喜欢）。

即使你不想放弃主动管理，但伯格在威灵顿的职业挫折证明了追逐大受欢迎的领域存在风险，特别是考虑到从长期来看股市，往往会回归平均水平。伯格在《伯格谈共同基金：聪明投资者的新视角》（1993）中指出，如果投资过去做得最好的基金，回报就会减少。具体来说就是，1974—1992年，在福布斯"荣誉榜"（以基金过去的表现为基准的榜单）当中，基金年均回报率为 11.2%，而主动型基金整体为 12.5%，股票市场为 13.1%（除去小额交易费用）。

另一个方法就是关注成本最低的主动型基金。在被问到为什么这么久都在坚持主动型基金管理时，伯格总会说，在 20 世纪 50 年代，共同基金行业把成本保持在合理水平，但明星基金经理和剥削性收费兴起，为指数化创造了开端。先锋集团指出最便宜的基金战胜市场的概率上升到了 40%，以此证明了运作主动型基金的合理性。有讽刺意味的是（下一堂课也会证明），即使是保罗·萨缪尔森——启发伯格创立首只零售指数基金的投资家——也不完全相信市场不可战胜。

约翰·伯格的投资生涯

表现 ★★★

定义上看,指数化旨在产生仅与整体市场持平的回报。事实上,即使是指数基金也会产生交易成本和管理费用,因此严格来说,都会小幅落后于市场。然而证据表明,先锋基金长期的表现超过了大部分主动管理的股票基金。

长期性 ★★★★★

从1951年被威灵顿基金聘用到1999年退休,伯格参与基金业长达48年,其中超过一半的时间倾注在先锋集团上。即使在今天,他仍然给投资领域和股市撰文和做出评论。

影响力 ★★★★★

尽管对被动投资高度怀疑,几乎出现敌意,可伯格还是向散户投资者介绍了被动投资。由于他的坚持不懈,被动投资的金额达到了数万亿美元,而许多专家预测,主动投资经过一代人的时间,可能会沦落为小众投资领域。

模仿的难易程度 ★★★★★

投资指数基金是尽可能简单的股本投资形式。事实上,如今有很多低成本的被动型基金,而且涵盖了所有你能够想得到的市场或行业。

总体评分:18★(满分20★)

第二十堂课　市场是可以战胜的

保罗·萨缪尔森

美国诺贝尔经济学奖第一人：战胜市场需要拥有连贯的投资策略

保罗·萨缪尔森于 1915 年出生，1935 年获得芝加哥大学经济学学士学位，之后分别在 1936 年和 1941 年获得哈佛大学经济学硕士学位和博士学位。甚至还没完成博士学位学业，1940 年他就已经在麻省理工学院担任助理教授，并于 1949 年成为正教授。1948 年，他撰写了《经济学》一书，此时他的人生迎来了重大突破。事实证明，这本著作是有史以来最畅销的基础经济学书籍之一，如今仍旧被用作许多大学课程的入门教材。

他的学术生涯熠熠生辉，直到 2009 年他去世时才落下帷幕。

萨缪尔森为经济学、金融学做出了巨大贡献，包括贸易政策、宏观经济学和公共财政经济学。他的另一个重要贡献就是鼓励经济学家使用高等数学公式来证明他们的理论原理。对于这样的学术趋势，经济学学者看法不一，许多人认为这导致经济学与现实世界脱节。然而，由于在"提高经济学的分析水平"方面做出了贡献，1970年萨缪尔森荣获诺贝尔经济学奖。

萨缪尔森极大地影响了经济学发展成为科学的进程，而且大大推动了现实当中的经济政策发展。在第二次世界大战期间，他在大力帮助美国政府管理劳动力市场，确保战时生产和民用经济的需求得到适当的满足方面做出贡献。战争结束后的七年中，他就预算问题给政府献计献策。20世纪60年代起，他为美国财政部和美联储等众多美国政府机构出谋划策。但由于米尔顿·弗里德曼等货币主义经济学家崛起，在20世纪80年代，他对财政和货币政策采取的中间路线做法不再受到追捧。

随机漫步理论

"随机漫步理论"是萨缪尔森对投资界最大的贡献之一。法国数学家路易斯·巴舍利耶（Louis Bachelier）注意到，股市价格走势与布朗运动（即分子的随机运动）非常相似。通过同事提醒，他注意到了巴舍利耶的著作，之后他得出的结论是真正有趣的并不是股价走势与分子运动特别相似，而是两者都具有随机性。如果说要看出有什么特定的模式能够预测股价走势是不可能实现的话，那就表明大多数市场的运作都相当有效，因此所有信息能迅速传播和执行。

这反过来意味着投资者不承担额外风险，就不可能长期持续战胜市场；试图战胜市场就是在浪费时间。正如上一堂课所言，萨缪尔森认为，由于市场无法战胜，投资者购买跟踪市场的基金是有道理的。事实证明，这正是约翰·伯格指数基金的灵感来源。尽管萨缪尔森在设立这基金方面没有发挥任何直接的作用，但他是重要的倡导者。事实上，虽然有机会成为先锋集团的董事，但萨缪尔森却再三拒绝，并不是因为他不信任，而是因为他认为如果他在指数投资上有直接的经济利益，那他大力支持指数投资之举似乎就不那么令人信服。

萨缪尔森在任美国教师退休基金会（TIAA-CREF）受托人期间，也助力指数投资的发展。其他受托人因希望坚持传统的主动投资而表示反对，因此萨缪尔森没法让他们把所有资产用于投资指数基金。但是，他确实说服了他们把部分资产用到被动投资上。他还让他们增加了持有的外资股，进一步提升了指数基金的表现。

商品金融服务公司

萨缪尔森可能历来都非常青睐有效市场和被动投资，但这并不妨碍他关注更为主动的投资。其中最引人注目的是商品金融服务公司（Commodities Corporation）。这是一家对冲基金，由萨缪尔森的博士生海默·威玛在1970年创立。威玛对可可价格进行调研之后认为，通过考察（影响需求的）经济增长和（影响供应的）气候变量，可以预测可可的价格。一开始，威玛利用他的研究，在巧克力饼干和糖果生产商纳贝斯克公司找到了一份工作。在数次涉足可可市场都屡屡获胜之后，他很快意识到，成为投机专业户，能让他赚更多的钱。

萨缪尔森向威玛的对冲基金——商品金融服务公司投资了12.5万美元（之后投资额加大），占基金250万美元启动资本的5%。他还在基金董事会任职，并且同意"担任交易商的监管员"（他在2009年去世前不久写的一篇文章里说到了这一点）。萨缪尔森坚称他学会了"不给交易者提供我的宏观经济观点，小心翼翼地避免影响到成功的交易人士"。不过，财务和行政主管厄尔文·罗森布鲁姆（Irwin Rosenblum）表示，萨缪尔森在董事会讨论中十分积极活跃，在各式各样的讨论当中都扮演关键角色，包括公司运营、战略，甚至是对某个市场的看法。

一开始公司处境艰难。当时人们担心作物枯萎病导致玉米价格上涨，但有专家认为问题被夸大，于是威玛听从了这位专家的建议，下了重本打赌玉米价格下跌。

然而，当价格继续走高时，威玛惊慌失措，抛售了所持头寸。结果证明专家是正确的，股价随后下跌，他自己也损失惨重。加上风险管理不善，这些糟糕的交易决策导致商品金融服务公司的资本从250万美元锐减至90万美元。事实上，在1971年的时候，公司要是再亏损10万美元，就要彻底倒闭了。

要是真发生这种情况，萨缪尔森就血本无归了，因为纳贝斯克公司（基金最大的投资商）根据其优先协议，对剩余的资金具有优先权。经过多番讨论，董事会同意简化和增强风险控制，限制头寸规模，特别是跟市场背道而驰的头寸。这预示着公司策略发生重大转变，从仅仅以基本面分析为基础进行交易，转为更多地依赖顺势而为（即价格上涨时买入，下跌时卖出）。罗森布鲁姆表示，萨缪尔森最初是抵制这种策略转变的，但意识到这是唯一的生存之道以后，他就表示同意了。

这些变革不仅挽救了商品金融服务公司，而且让公司得以蓬勃发展。随后的十年里，商品金融服务公司聘用了一些明星操盘手，最著名的当属迈克尔·马库斯和布鲁斯·柯夫纳。20世纪70年代，由于通货膨胀和利率上升，适合跟随趋势策略的市场应运而生，因此该公司大获成功。事实上，到了1977年，公司开始持续盈利仅仅四个年头，就赚得盆满钵满，加上雇员人数空前，因而公司搬进了专属大楼。在不到十年的时间里基金的资本也增长了12倍，达3000万美元左右。

20世纪80年代，该基金没有那么顺风顺水。大宗商品风光不再，通胀率下滑，因此基金曾经成功牟利的许多价格趋势不复存在。一些明星操盘手为了寻找更好的机遇开始跳槽，而留下来的操盘手则要求加薪加奖金，基金利润大大减少。尽管如此，到1989年，公司还是成功地以8000万美元的价格出售掉30%的股份，总价值因此达到了2.67亿美元。1997年，该基金以1亿美元的价格卖给了高盛公司，当时的管理资产高达1亿美元，相当于27年内增长了400倍。

私人投资

除了在商品金融服务公司和美国教师退休基金会担任正式职务之外，萨缪尔森还利用普林斯顿大学发放的薪资和图书版税等收入，进行了很多私人投资。事实上，当他的妻子在20世纪30年代末拿到一个投资项目时，他利用股价下跌，购买稳健型公司的股票，这些公司的市盈率非常低，但股息收益丰厚。他注意到即使考虑了翻新成本，酒店售价也只相当于建造费很小的一部分，因此他直接投资了酒店大楼以及一些早期的全国连锁大酒店，并且双双取得了成功。

艾迪生-韦斯利学术出版社是萨缪尔森非常成功的另一项投资。该出版社是一家重要的出版公司，萨缪尔森通过麻省理工学院的教师与出版社接触后，印象十分深刻，因而买入了公司大量的股票，并受邀加入董事会。他坚定长期持股，直至看到出版社从一家小型精品店壮大为出版业的一支主力军，而最终由于公司内部政治[5]，例如创始人与某位主要高管之间的争执让他感到厌烦，促使他出售了持有的股票。在20世纪60年代末与康拉德·塔夫往来之后，萨缪尔森也向伯克希尔·哈撒韦投资了一大笔钱。塔夫曾在哥伦比亚大学读书，师从格雷厄姆。他写信给萨缪尔森，说自己认为巴菲特的成功推翻了有效市场假说。萨缪尔森深感好奇，于是自己做了调研，对自己的发现很满意，开始买入伯克希

---

[5] 内部政治，也称公司政治、办公室政治，出现于办公室、学校及职场内的人事及利益竞争。

尔的股票。极具讽刺意味的是，几乎在同一时期，萨缪尔森在国会作论证，共同基金行业对大多数投资者来说就是浪费钱财。从1970年到2009年，向伯克希尔股票每投资1000美元，就能获得212万美元，年均回报率超过20%。

当然，萨缪尔森所有的投资并非都取得了成功。让他的同事感到非常好笑的是，为了一则教投资者如何从期权中牟利的内幕消息，他花费了数百美元（大概相当于现在的数千美元）。不出所料，其中大部分内幕经证明都是骗人的。有趣的是，他暗示说在伯格推出指数基金后，他基本上放弃了向特定的股票投入额外资金，因为指数化让他有更多时间专注于日常工作。

高效的市场

萨缪尔森公开支持指数化和高效市场，但他是通过寻找和利用赚大钱的投资机遇来取得成功的，两者似乎相互矛盾。事实上，即使是有效市场假说的重要创始人，似乎都没有真正相信这个假说，这对于我们这些试图战胜市场的人来说，是值得欣慰的。萨缪尔森在自己的最后一篇文章中,似乎承认该理论存在缺陷,指出"少数投机者可以在主动投资生涯的大部分时间里享有'正阿尔法'⑥,指的是与99%的交易大众相比较来说的风险调整后的额外收益"。

但是,就算有的人可能会战胜市场(包括他言下之意说自己也是其中之一),但他依旧认为"华尔街没有轻轻松松就能挣到的钱"。他警示说:"这样的人才很难找得到。而且他们提供的服务不便宜。最后,甚至他们所谓的好手气也通常会越来越差。"这是投资者需要学习的一个重要教训:即便是功成名就的基金经理也会退休(如彼得·林奇)、跳槽(如尼尔·伍德福德),或难以维系成功(如安东尼·波顿,甚至沃伦·巴菲特)。

总的来说,萨缪尔森的职业生涯给了我们一个重要启示,即从长远来看,是有可能战胜市场的,但前提是你得有"优势"。这并不一定是说能够获取内幕消息(不管怎么说,这在大多数国家都是违法行为),但你必须要有某种连贯的投资策略,即使你

---

⑥ 阿尔法:alpha 或 α,是指超额回报。如果基金经理表现出色,那么超额回报就大于零,而如果基金经理的回报还不如市场,那么超额回报就是负值。

只是购买特定类型的股票。如果你没有这样的优势,或者实施这种策略太过于耗时耗力,那无论是从回报还是情绪来看,投资指数基金都是更好的选择。

保罗·萨缪尔森的投资生涯

表现 ★★★★

虽然没有审计记录，但很明显，萨缪尔森通过投资商品金融服务公司和伯克希尔·哈撒韦赚了很多钱。不过，在投资先锋指数基金方面，他只获得平均回报，而且在期权市场投机方面，似乎并没有那么成功。

长期性 ★★★★

自20世纪30年代后期以来，保罗·萨缪尔森一直涉足各种形式的投资。商品金融服务公司运营长达近30年，但萨缪尔森直接参与该公司投资有多长时间，至今尚不清楚。

影响力 ★★★★★

保罗·萨缪尔森在发展有效市场假说方面发挥了重要作用，尽管这个假说至今仍受追捧，但显然学术部门里的追随者比华尔街的多。这反过来推动了指数基金的发展，改变了投资的面貌。

模仿的难易程度 ★★★

大多数私人投资者都没有足够的资源创立对冲基金。萨缪尔森似乎也认为在公司董事会的内部政治压力太大。买入伯克希尔·哈撒韦这类的基金是相对简单的做法，但是像沃伦·巴菲特这样出色的基金经理寥寥无几。

总体评分：16 ★（满分20 ★）

结论：《时机》的启示

我们已经看过了 20 位投资大师的传记、策略、最出色（和最糟糕）的投资，了解了他们的投资经历给我们的启示。以下是普通投资者可以从中汲取并应用到自己的投资和交易当中的十大启示。

1. 市场可以战胜

超级投资家（约翰·伯格除外）的经历告诉我们，在一段较长的时间内持续战胜市场是有可能的。当然，一些学者仍坚信市场非常有效，市场不能战胜。然而，学术界和量化对冲基金经理看到了大量明显的异象，2000年至2002年间和2007年至2009年间市场发生了动荡，这些现象都表明行为经济学等其他模型在学术的象牙塔内逐步流行开来，甚至学者都转变了立场，跟保罗·萨缪尔森在他的最后一篇论文当中一样做出了妥协：市场并不完全有效，而且市场是可以战胜的，但是要做到这点相当困难。

本书介绍的投资大师多数都是高智商人物，其中有几位接受过牛津大学和剑桥大学或常春藤名校的教育（或同等教育）。然而，相当多的大师其教育背景其实一般，大卫·李嘉图和杰西·利弗莫尔年纪轻轻就辍学了（但当时几乎没多少人上大学）。有趣的是，在这群投资大师之中，几乎一半以上都是正式学习过经济、金融或商业学的。这表明，接受过人文科学或自然科学的良好教育，对投资者也同样有帮助。

虽然本书介绍的投资大师多数已不在人世或者已经退休,但近四分之一的人仍活跃于投资领域,如沃伦·巴菲特、尼克·特雷恩和尼尔·伍德福德仍在运作大量资金。尽管近年来巴菲特一直表现不佳,但尼克·特雷恩和尼尔·伍德福德仍然表现出色。这表明,即使在当今电脑化的高流动市场,信息转瞬之间就在世界各处流动,但对于精明的投资者,包括老式选股专家来说,机遇仍旧很多。

2. 投资成功的门路很多

确实，有的投资策略比其他投资策略的成功率更高。例如，研究表明，在较长的一段时间内，与买入快速增长型公司股票的基金和信托相比，专注于购买廉价股的基金经理往往都做得更出色。某些类型的风险投资获得的回报比整个股市高得多，而大部分短线交易者最终却赚不了多少钱，特别是如果用自己的资金进行交易的话。本书中 20 位投资家采用的方法多种多样，而且都获得了成功，表明战胜市场的门路有很多种。

事实上，即使有些投资家整体策略是一致的，但彼此的策略还是各有特色。4 位成长型投资家——菲利普·费雪、托马斯·罗·普莱斯、彼得·林奇和尼克·特雷恩——就是非常好的例子。除了运营资金的时期大不相同以外，他们每个人都偏爱不同类型的公司。菲利普·费雪的方法倾向于砸重金搞研发的科技公司，托马斯·罗·普莱斯喜欢那些处在快速增长型行业当中的公司，彼得·林奇倾向于选择个别公司而不是选择整个行业（但实际上他的很多投资最终都落脚在少数行业之中），尼克·特雷恩则专注于品牌。

成功的门路众多，最好的选择是找到一个跟你的技能和资源相匹配的策略，而不是采用一种可能完全不适用的方法。例如，如果你空余时间不多，并且几乎不能容忍风险，那么短期交易可能不适合你，即使你感觉杰西·利弗莫尔的职业生涯对你有所启发。同样，如果你不想调研大量不合时宜和表现不佳的公司，以期找到廉价公司，而是宁愿尝试一把，寻找下一个谷歌或苹果公司的话，那么你最好把注意力集中在风险投资大师身上，而不是试图效仿本杰明·格雷厄姆。

3. 要学会随机应变

本书介绍的投资大师中，相当多的人随着职业生涯的发展，都改变或者至少调整了自己的投资方式。约翰·梅纳德·凯恩斯就是明显的例子。他后来放弃了资产配置和杠杆货币交易，转型为非常成功的价值投资家。由于市场暴跌，罗伯特·威尔逊起初的股票投资组合全被清空，之后他先是通过做空来降低风险，然后又迅速把做空发展成为生财之道。

就算有的投资家在整个职业生涯中都坚持策略整体不变，但如果遇上了足够好的时机，他也愿意破例。一个典型的例子就是本杰明·格雷厄姆决定坚持投资政府雇员保险公司，但很早之前该公司就不再属于价值股了。作为成长投资家，尼克·特雷恩专注于相关公司的质量，而不是股票的交易价格。然而，这并没有阻碍他在2008年金融危机后立即利用博柏利股价下跌来低价买入股票，而且尽管后来价格飙升，他仍然坚定持有。

要说哪位投资家没有让自己的观点限制自己的投资行为，保罗·萨缪尔森也许是最好的例子。他开始走上研究的道路后，最终他（和其他人）提出了有效市场假说，即便如此，他仍然积极开展投资。虽然他倡导被动投资，但这并没有阻止他对商品金融服务公司进行主动式管理。巴菲特的一位粉丝给他来信，于是他决定对巴菲特进行调研（而不是就直接忽略掉来信），这促使他后来购买了伯克希尔·哈撒韦公司的股票。这一决定表明保持思想开放可以让你生钱。

4. 不要过于随机应变

虽然随机应变会很管用，但过于随机应变就很危险。因战略显然无效而放弃是一回事，但如果一时兴起就转变战略，则可能会导致决策制定得很草率，让自己陷入困境。某种类型的投资所需要的技能，在不同的情景下并不会屡屡奏效，这是一个大问题。例如，成功的交易者在对亏损头寸平仓时，下手要快、意志要坚定。相反，风险投资家则需要极大的耐心，因为公司要经过多年亏损才会开始盈利。

因此，每当交易员投身长期投资，或者风险投资家投身短线交易时，结果通常都很糟糕。情感化投资也会火上浇油。乔治·索罗斯出于慈善而非经济原因，突然决定把一大笔资金用于投资一家俄罗斯民营上市（因此流动性非常低）公司，最终导致他损失惨重。同样，杰西·利弗莫尔也坦言，因朋友和熟人建议，他投资了各种私人项目，这也导致了他通过谨慎操盘所积累起来的钱财不断流失。

在挑选该投资哪只基金时也是如此。在安东尼·波顿执掌时期，投资富达特殊情况基金能让你大赚一笔。然而，那些跟随他的脚步投资中国的人却饱经挫折，虽然他们最终稍稍领先市场。事实上，在头几个月过后再涌入市场的投资者会发现，其投资的价值暴跌。波顿坦言，使他与英国企业蒸蒸日上的策略和理论根本不适用于新兴市场，因为新兴市场情况复杂，管理层一时兴起的要求远比股东的需求重要。

在这方面，看看尼尔·伍德福德发起耐心资本信托（长期风投基金）的决定如何收获成效，你会觉得很有趣。虽然该投资信托的股价落后于市场，但这样的投资需要很长时间才能显示出成效。

5. 成功的投资需要有优势

无论是找到了成功的战略然后坚持下去，还是反复尝试直到找到能够始终奏效的策略，书中介绍的所有投资家都有某种让他们能够战胜市场的"优势"。例如，杰西·利弗莫尔利用以往的价格模式，能够预测未来的价格走势；约翰·邓普顿发现与美国本土相比，在世界上其他地区，价值被低估的公司要远远多得多。正因为股市是一个理论学家喜欢称为"零和游戏"的地方，所以具备优势很重要。正如保罗·萨缪尔森所指出的那样，要让一个人表现超出平均水平，就必须有另一个人表现低于平均水平。

实际上，因为股票买卖会产生交易成本，所以主动投资可以看作是一种负和博弈（因为比起没有进行股票交易，股票交易双方的结局都更惨重）。这并不是说主动投资必然是个烂主意。正如爱德华·索普能够通过战胜赌场在21点方面的优势来赢钱一样，精明的投资者远非只能够赢回本钱。但是，如果你没有优势（而且不具备充分的优势来弥补相关的交易成本），那你最好把钱用于投资低成本指数基金，以最大程度地减少"赌场经理的收入额"。

小优势通常不足以赚钱。正如本杰明·格雷厄姆指出的那样，估值往往是不精确的科学，因为有的资产不能客观量化，而且人为判断总是容易出错。如果你认为对某样东西的估值只是稍稍偏低，那么很有可能你猜错了，而市场猜对了。但是，如果你认为某样东西的估值大大偏低，那么即使你犯了一些错误，你仍然有可能赚钱。

6.有了优势就玩大赌注

如果没有优势，或者如果潜在回报相对较小就想开展交易，这是很糟糕的想法。但是，如果大赚一笔的机会来了，你就应该抓住机会，把大部分投资组合投入其中。大多数超级投资家的投资组合往往比同行更为集中，因为他们认为绝佳的机会是很有限的。当然，这条定律也有例外，例如彼得·林奇持有许多不同公司的股票，但即便如此，他投资的公司很多都处在同一行业。

即使是大卫·李嘉图和杰西·利弗莫尔这类操盘手，他们费尽心机，源源不断地赚取小额利润，从而积累财富，但也愿意在职业生涯中的某些时刻表现得更为激进。例如，李嘉图把全副身家都押到滑铁卢战役的结果上面。利弗莫尔也做了几次大的投注，最著名的就是就在华尔街崩盘之前，他就决定做空股市。当然，李嘉图和利弗莫尔都是在百分百绝对确定有回报的情况下才做出这样的巨额投资。

沃伦·巴菲特用了一个著名的类比：打棒球。虽然普通的棒球运动员会对所有的球挥动球棒，但最出色的棒球运动员则会静候时机,直到理想的投球出现,然后击出一支全垒打。当然,投资者比棒球运动员更有优势,因为无论他们让多少个球从身边经过,他们都不可能出局。同样,当 21 点记牌系统表明赔率对自己有利时,爱德华·索普下了非常大的赌注,否则他就按比例把赌注降到最低。

7. 给自己留一条退路

决定何时买仓或建仓，显然非常重要。然而，在某些情况下，选择正确的时机卖出或者补进空头头寸，也会在很大程度上决定你通过操盘能挣多少钱。过早卖出赢利的头寸，那你可能就放弃了大赚一笔的机会，比如沃伦·巴菲特在20世纪50年代首次投资政府雇员保险公司时就是这样做的。反过来说，坚定持有亏损头寸太久，可能会导致原本轻微的损失恶化为一场灾难，尤为值得注意的就是罗伯特·威尔逊与度假国际这个案例。

然而，虽然"把亏损的头寸卖出，让盈利的头寸奔跑"是许多交易者的生存之道，但这个策略也存在风险。事实上，那些过早止损的投资者可能最后只能沮丧地观望股价随后的飙升（如果是做空的话，股价则下跌）。相反，沃伦·巴菲特和罗伯特·威尔逊似乎都认为偶尔的短期挫折有助于长期的表现，从而获得了长期的成功。沃伦·巴菲特曾提出一个非常著名的观点，即投资者应该像消费者喜欢商品降价一样，乐于接受股价下跌，因为这让他们得以增加持股量。

时机
THE BEST
OPPORTUNITY

总的启示似乎是说，无论你最终是选用哪条退路，你都必须要有一个计划。这样的计划需要考虑三点：你的投资时间框架、你愿意承担的风险多少、你熬过股票低迷时期的能力。

8.普通投资者也具备一些优势

说到对冲基金、投资信托或其他为他人理财的投资工具,除了杰西·利弗莫尔明显无一涉足之外,其他超级投资家大都涉及。这意味着理论上讲,他们可能会被免职,或者面临投资者撤资不让他们理财的威胁。也就是说,他们在如何开展投资方面面临着各种限制。因为他们全都大获成功,但是这些限制显然对他们的赚钱能力产生了负面影响。

尼尔·伍德福德坦言,在科技股泡沫最严重的时期,他面临的压力非常大,因为被要求购买科技股。他拒绝之后,差点就丢掉了工作,因为他认为这些股票价格过高,而且后来发生的事情也证明了他的观点正确。凯恩斯所在的投资委员会大力提倡集体讨论、反对原创性思考,让他愤懑不已。罗伯特·威尔逊非常反感运营对冲基金,以至于后来他选择停运,把资金还给了投资者。

职业经理人会面临被解雇的威胁,其投资想法在获批之前需要经委员会通过,这都会阻碍其发展。不仅如此,共同基金和封闭式投资公司(或英国的单位信托和投资信托)必须遵守特定法规，因而限制了公司集中投资组合的能力。例如，彼得·林奇说过，要不是法规强制性阻止了他在任何一家公司的麦哲伦投资组合比例不得超过10%，他的个人头寸就会少得多（但会更大）。他还表示，针对企业客户的基金由于限制没那么严格，因此表现更加出色。

当然，专业人士确实比普通投资者多一些优势。例如，专业人士拥有分析师团队，随时可以与公司高管接触。他们享有非常难得的机会，能够倾尽工作时间来思考投资，无须在业余时间制定决策。散户投资者也很难投资私人上市公司，尤其是处于成立初期的公司。尽管如此，私人投资者享有更多的自由、可以与市场共识背道而驰、下大额赌注、不会有人紧紧盯着他们。这些因素多少有助于平衡竞争环境，但前提是你要利用好这些因素。

9. 做大了不一定就是好事

在某些方面，专业人士可以从他们管理的大笔资金当中获利。像研究和管理这样的固定成本可以分散到更大的资产基础上，从而减少每个投资者必须支付的金额。拥有的资产数额大的话，专业人员还可以在董事会层面影响公司政策。但是，这其中也存在缺陷。除非经理人想要将投资分散到更多的公司，但这可能会对回报产生负面影响，否则资产基础较大会大大妨碍经理人投资低于一定规模的公司。

以资产为100亿英镑的基金为例。假设经理人想要投资，最多就投资40家公司，那就意味着每家公司平均投资2.5亿英镑。由于没有经理人想让持股比例超过公司股票的10%（因为这样的话，经理人要是不变动价格，就难以进行股票买卖），所以就是说最低市值为25亿英镑，规模略低于富时100指数中最小型的公司。这就限制了经理人只能选择蓝筹公司，因此难以进行逆势投资，获得超额收益。毕竟，如果你就是市场，那你就无法战胜市场。

说到有哪位经理人因规模过大而难以成功，沃伦·巴菲特就是一个经典案例。伯克希尔·哈撒韦的市值达到数千亿美元的时候，他却在吃力地战胜市场，这并不是笑话。事实上，他曾多次表示，如果他再重新管理数百万美元资金的话，他就能够对不知名的公司进行深度价值投资，如在20世纪五六十年代运营巴菲特合伙公司的时候获得巨额回报。当然，规模较小的投资者可以投资各种类型的公司，包括小型新兴企业。

10. 与大众保持一定的距离是明智之举

有一件事情可能会让人们感到吃惊,那就是大多数投资大师的基金和投资办事处都设在纽约和伦敦这两大全球金融中心之外。乔治·多里奥特和尤金·克莱纳、托马斯·帕金斯之所以这么做,是因为他们想要接近他们投资的行业。同样,彼得·林奇之所以不在波士顿工作,是因为富达办事处不在那里。然而,为什么沃伦·巴菲特将工作地点定在奥马哈、约翰·邓普顿定在巴哈马群岛、尼尔·伍德福德定在牛津、爱德华·索普定在加州的纽波特,原因就没有那么明了。

其中一个原因肯定是他们希望在情绪和现实方面都与华尔街(或伦敦金融区)共识保持距离,这样的距离能够让投资者用新的眼光看待事物,从而避免跟风投资。当然,这个观点也适用于普通投资者。一方面,24小时财经电视服务和财经网站的兴起意味着你可以获得与专业人士同样的信息。然而,如果你粗心大意,那可能轻易地就屈服于华尔街(或伦敦金融区)的集体观念。

因此偶尔退一步是个明智的想法。重要的是要确保你会接触到其他的观点和信息,而不仅限于市场的日常闲聊。

谁是最出色的投资大师？

除了详细介绍20位投资佼佼者的职业生涯，并看看我们从中可以获得的启示之外，本书的另一个目的是找出谁当属有史以来最出色的投资大师。显然所有人都非常出色，但是有4位从中脱颖而出：菲利普·费雪、沃伦·巴菲特、约翰·伯格和本杰明·格雷厄姆。菲利普·费雪和沃伦·巴菲特在本书的星级评分系统中获得17颗星（满分20颗星），而伯格和格雷厄姆获得18颗星。

费雪凭借他在成长投资方面的著作，为投资业做出了重大贡献。他为别人理财和提供投资建议的履历也很长久。寻找少数有潜力高速增长的公司，并长期坚定持有——他的这个观点对于时间有限的投资者来说显然很有吸引力。然而，很少有公司符合这些标准。他的关注重点是研发密集型科技公司，并不是很容易弄明白的行业。此外，虽然找不到他的收益详情，但从他挑选的股票来看，回报显然远高于平均水平。

巴菲特在过去60年里，至少有50年都获得了超额回报（即使他最近的业绩比较让人失望）。然而，尽管许多基金经理认为他很有影响力，但是很难指出他到底是哪种风格：在20世纪五六十年代，巴菲特进行深度价值投资；但如今，他把伯克希尔公司的资金用于投资蓝筹股以及民营企业股。他后来的策略，即买入非上市公司的股票（或买入上市公司股票然后私有化），显然不是普通投资者可以效仿的。

尽管起步缓慢，但自创立以来的40多年里，伯格的指数基金经过发展，最终对整个投资行业产生了重大影响。事实上，指数基金可能最终会成为投资业的未来。如果你无暇对投资进行任何调研，那指数基金可能是最佳方案。然而，被动投资的一个主要问题是，它摒弃了能够获得高于平均水平回报的所有机会（但"智慧型"基金开始兴起，旨在以更低的成本兑现主动管理的好处），学术一点来说就是指数化会因交易成本而始终落后于市场。

在我看来，有史以来最出色的投资家是本杰明·格雷厄姆。

他并没有获得非常完美的分数,因为他的业绩受到了华尔街股灾的冲击,但因投资政府雇员保险公司而得以提振(这项投资违背了他的规则)。价值投资并不像购买指数基金那么简单。然而,在漫长而跌宕起伏的职业生涯中,他大幅战胜了市场,对沃伦·巴菲特、安东尼·波顿等人影响巨大。他提出应购买交易价低于净资产价值的公司的股票,这个策略虽然简单,但强力有效,而且有大量的事实支撑。